앙코르 와트 · 월남 가다
- 조선인의 아시아 문명탐험-

도올 김용옥

2004년 6월 28일, 월요일 — 11

    앙코르의 발견자들 — 11
        샤를 에밀 부유보 — 12
        앙리 무오 — 12
        존 톰슨 — 18
        에페오(EFEO)의 학자들 — 19
        주달관 — 20
        『진랍풍토기』의 진담 — 34
    앙코르 톰 남문 — 58
        남문에 얽힌 신화 — 58
        노반의 묘 앙코르 와트 — 83
        남문 고푸라 — 104
    바이욘 — 107
        자야바르만 7세 — 108
        석벽부조 — 111
    바푸온 — 123
    피메아나카스 — 128
    엘레판트 테라스 — 137
    장례행렬 — 144
    타 프롬 — 146
    닉 펜 — 160

2004년 6월 29일, 화요일 – 171

앙코르 와트 – 171
프놈 바켕 – 183
평양 랭면 – 185
독일여성과의 대화 – 191

2004년 6월 30일, 수요일 – 201

톤레삽 수상마을 – 201
사이공과 박 호 – 207
베트남 총영사 만찬 – 215

2004년 7월 1일, 목요일 – 223

통일궁 – 224
구찌터널 – 227
하노이로 가는 길 – 234
제인 폰다의 연설전문 – 241

2004년 7월 2일, 금요일 — 249

바딘광장 주변 — 250
하롱 베이로 가는 길 — 254

2004년 7월 3일, 토요일 — 259

하롱 베이 — 259
탕롱 수상목우 극장 — 274
하노이 공항에서 — 277

2004년 7월 4일, 일요일 — 283

신화의 최종적 의미 — 283

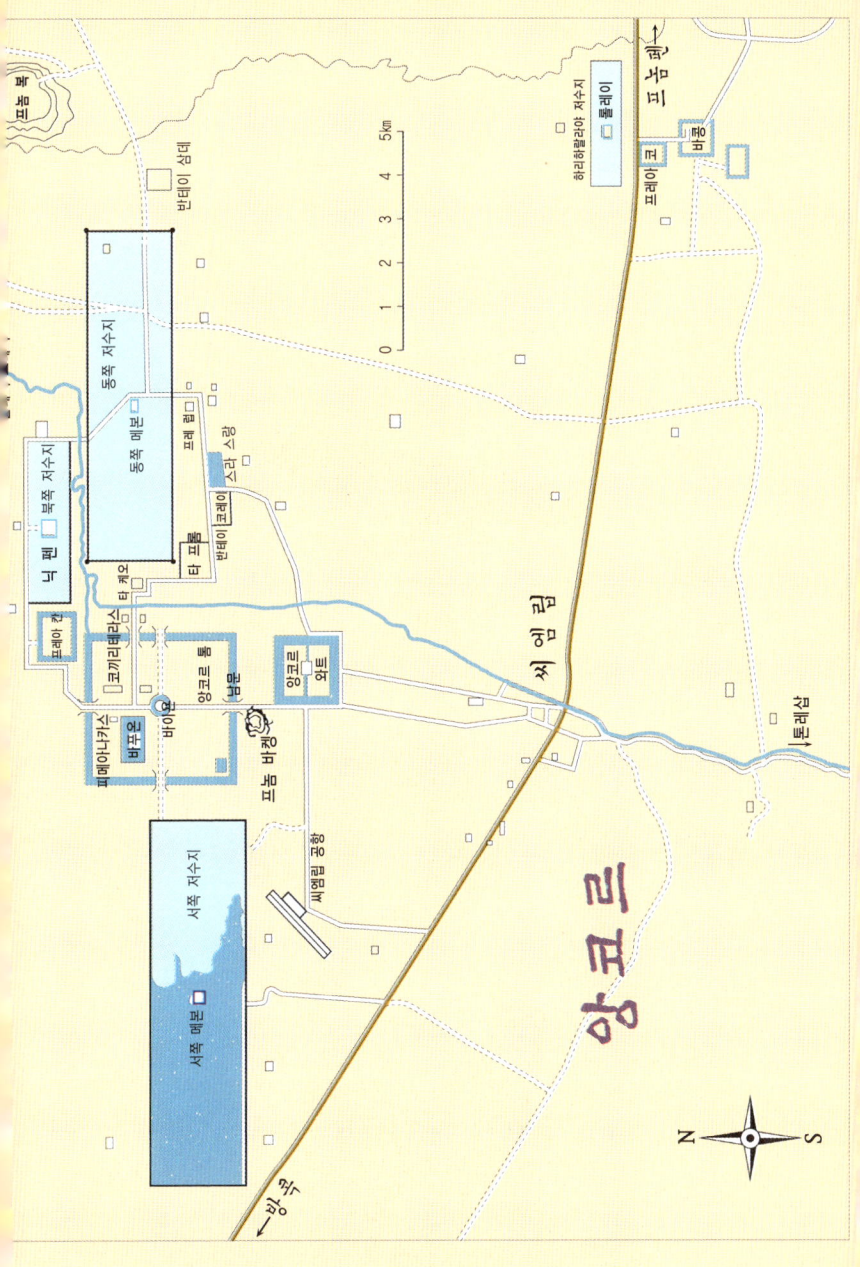

도이모이 정책으로 풍요로와진 베트남 농촌

하롱 베이

2004년 6월 28일, 월요일

오늘의 여행을 출발하기 전에 앙코르를 발견한 사람들에 관해 몇마디 언급하는 것이 좋을 듯 싶다. 대부분의 사람들이 앙코르는 밀림 속에 완전히 묻혀있었는데 19세기 중엽에 유럽인들에 의해 기적적으로 발견되었다고 믿고 있다. 그 처녀지 밀림숲을 헤치고 이 이끼 덮인 돌더미를 발견했을 때의 외경과 환호의 타우마제인! 생각만 해도 등골이 오싹해지는 탐험의 스릴을 느낀다. 그러나 이것은 유럽인들이 지어낸 엉터리이야기다. 끊임없이 극적인 신화를 지어내고 싶은 인간들의 본능적 환상과 유럽인중심 세계관의 편견이 합쳐져서 생긴 이야기들이다. 크메르인들은 결코 그들의 신전을 포기하거나 망각한 적이 없다. 대부분의 신전이 방치된 것은 사실이지만 앙코르 와트는 최초의 발견자처럼 알려진 앙리 무오가 이곳을 왔을 때도 1천여 명의 노예들이 수발 들고 있었던 거대한 사원의 모습을 지니고 있었다. 물론 앙리 무오가 최초의 발견자도 아니다. 이미 16세기말부터 포르투갈의 탐험가들이 이곳을 다녀갔고 무오의 가까운 선배로서는 프랑스의 신부 샤를 에밀 부유보(Charles-Emile Bouillevaux)가 있었다. 샤를 에밀 부유보는 인도차이나에서 실제적으로 현지사람들을 기독교로 개종시키기 위해서 노력한 선교사이다. 캄보디아의 사람들은 코친차이나(베트남)의 사람들과는 달리 이교의 선교에 대해 개방적이었다. 부유보는 1850년 12월 앙코르를 이틀간 방문했다. 그리고 그 방문기를 1858년 파리에서 발표하였다. 그는 평범한 관광객처럼 이 지역을 탐방했으며 탐험가다운 경이감을 표시하지 않았다.

앙리 무오(Alexandre-Henri Mouhot, 1826~1861)는 부유보의 방문기를 읽고 앙코르를 한번 보고 죽으면 여한이 없겠다고 생각했다. 앙리 무오는 1826년 동부 프랑스, 몽벨리아르(Montbéliard)에서 재무성관리의 아들로 태어났다. 그는 이미 18세에 러시아 사관학교의 필로로기의 교수가 되어 러시아 전역을 여행하다가 크림전쟁이 확산되자 귀국했다. 그리고는 동생 샤를(Charles)과 함께 유럽전역을 여행하면서 루이스 다귀에

앙코르 와트

르(Louis Daguerre)에 의해 개발된 은판사진법을 이용해 사진을 찍었다. 1856년 두 형제는 영국으로 건너갔고, 스코틀란드의 탐험가 뭉크 파크의 두 조카딸과 각각 결혼하여 그곳에 정착했다. 그런데 앙리 무오는 동물학 공부에 전념하기 시작했다. 그리고 타이에 관련된 서적과 부유보의 앙코르기행문을 읽고는 현지로 동식물 탐사여행을 떠나기로 결심했다. 영국의 왕립지리학회(Royal Geographical Society)와 런던동물학회(The Zoological Society of London)에 도움을 받은 것으로 알려져 있지만, 그가 손에 쥔 것은 위임장뿐이었다. 그는 순수하게 사재를 털어 어려운 여행을 떠났다. 1858년 4월 런던을 출발하여 9월에 방콕에 도착했다. 그는 방콕을 베이스 캠프로 삼고 4차에 걸쳐 탐사를 떠났다. 그리고 가장 긴 두 번째의 여행(1858. 12.~1860. 4.)중에 앙코르를 만나게 된다. 그리고 1861년 10월 라오스로 마지막 여행을 떠났는데, 정글의 열병에 걸리게 된다. 결국 누적된 과로로 지친 그의 몸은 열병을 극복하지 못했다. 22일간의 투병 끝에 11월 10일 루앙 프라방(Luang Prabang) 동쪽 어딘가에서 세상을 뜨고 말았다. 향년 35세였다. 1862년 그의 편지가 영국지리학회에서 낭독되었을 때 그는 이미 작고한 상태였다. 1863년, 그의 보고서는 파리와 런던에서 동시에 발표

되었고(Voyage dans les royaumes de Siam, de Cambodge, de Laos et autres parties centrales de l'Indo-Chine), 1864년에는 영문단행본이 출간되었다. 하여튼 세계인이 앙코르의 존재에 관하여 눈을 뜨게 된 것은 무오의 섬세한 관찰력과 정직한 묘사력에 힘입은 것이다.

세간의 오해와는 달리 무오는 매우 정직한 사람이었으며 겸손한 사람이었다. 선대의 업적을 다 인용했으며 자신이 첫발견

돌벽면을 잘못 조각했을 때 이와 같이 한 부분을 도려내어 쏘강(교정)하는 방법을 썼다. 귀퉁이의 상처는 후대의 사람들이 속에 금덩어리가 감춰져 있는 것으로 오해해서 무리하게 파낸 것이다. 아무 것도 없었다. 원래 표시가 나지 않는다. 돌다루는 크메르 석공 솜씨의 정밀함을 알 수 있다. 앙코르 와트.

자라고 과장한 적도 없다. 그는 그가 보고 느낀 것을 매우 담담하게 과학자적인 시각에서 그려나갔다. 그리고 그는 매우 섬세한 사실화였다. 그는 이 여행에서는 사진을 찍을 수가 없었다. 그래서 매우 정밀한 삽화를 남겼다. 그가 매일 밤 정글 노천에서 횃불을 밝히고 책상다리하고 앉아 집필에 몰두하고 있는 모습은 정말 성스러운 휴매니스트의 감동을 던져준다. 그는 이와 같이 썼다: "긴 탐사여행을 끝내고 돌아온 나는 호랑이 가죽 위에 앉아 횃불의 도움을 받으며 이 글을 쓴다. 내 왼쪽에는 금방 벗겨 낸 원숭이 가죽이 있고 오른쪽에는 분류와 포장을 기다리는 곤충상자가 있다. 또 모기와 거머리가 자꾸 달려들어

유럽인들이 처음 보았을 때의 앙코르 와트

나의 작업이 한결 더뎌지고 있다. 나는 지금 막 보고 돌아온 그 멋진 건축물에 대한 황홀한 인상을 다른 사람에게 강요할 생각은 없다. 그러나 아주 웅장한 유물이 존재한다는 것, 서양의 고대 문명이 우리에게 남겨 준 것 이상으로 완벽한 예술적 감각을 갖춘 유물이 여기 동양에도 존재한다는 사실 등은 어서 빨리 알리고 싶다. 또 앞으로 이들 나라에 대한 사실과 전승을 보다 완벽하게 수집하여 나보다 재능이 뛰어나고 운이 좋은 탐사가에게 도움을 주고 싶다. 나는 내 뒤를 이어 이 작업에 뛰어들 사람이 분명 있으리라고 믿어 의심치 않는다. 내게는 주어지지 않았던 정부나 단체의 도움, 또는 시암 정부의 지원을 업고서, 내가 막 땅을 갈고 씨를 뿌린 이곳에서 풍성한 수확을 거둘 사람이 나올 것이다." 그는 서구의 오만과 편견에서 벗어나 있었던 순결한 탐험가였다.

그리고 영국인으로서 에든버러에서 대학교육을 받고 전문 사진사가 되어 사상최초로 앙코르유적을 사진에 담아 서구에 소개한 존 톰슨(John Thomson)이라는 인물을 기억할 필요가 있다. 앞서 내가 프놈 바켕을 해설하는 과정에서 "자연의 회귀"에 국한되지 않는 인성에 있어서의 "무위의 복귀"라는 놀라운 테제를 설파한 톰슨의 글을 인용한 적이 있지만 톰슨은 날카로운 관찰력과 추리력과 통찰력을 소유한 인물이었다. 그는 예술가였고 학자였다. 그는 1862년 극동으로 떠나 싱가포르에 정착하고 그곳을 베이스로 탐사여행을 다녔다. 그는 영국영사 케네디(H. G. Kennedy)와 함께 나콘(Nakhon: 그는 앙코르를 이렇게 불렀다)으로 떠났다. 1866년 1월 27일 아침이었다. 그가 가지고 다녀야 했던 사진장비를 운송하는 데만 두 마리의 코끼리와 8~10명 정도의 인원이 필요했다. 얼마나 험난한 여행이었는지를 말해준다.

앙코르를 복원하는 불란서 지식인들

   그리고 우리는 1898년 하노이에 설립된 EFEO, 즉 불란서 극동학원(Ecole Française d'Extreme-Orient)에 소속되었던 펠리오와 같은 훌륭한 학자들의 노력도 기억해둘 필요가 있다. 그리고 20년 동안 앙코르유적보전회(The Conservation of Monuments at Angkor)의 회장으로서 많은 붕괴방지작업과 복원작업에 헌신한 앙리 마르샬(Henri Marchal)의 이름도 기억해야 할 것이다. 아나스틸로시스공법으로 반테이 스레이 신전을 복원한 장본인이 바로 앙리 마르샬이었다. 그리고 그는 이러한 보전작업을 통하여 수많은 귀중한 논문들을 남겼다. 그리고 2차세계대전의 빈곤한 환경 속에서도 바콩사원, 닉 펜, 반테이 삼레 사원의 복원에 놀랍도록 꼼꼼한 작업을 수행한 탁월한 건축가 모리스 글레즈(Maurice Glaize)의 이름도 아울러 기억되어야 한다. 이러한 휴매니스트들의 피땀어린 노력으로 오늘의 앙코르가 있게 된 것이다.

그런데 누구보다도 우리가 꼭 알아야 할 인물은 원나라 때 중국사신으로서 캄보디아에 관한 중요한 견문기록을 남긴 주달관(周達觀, 저우 따꾸안)이다. 주달관의 『진랍풍토기』(眞臘風土記, 1295. 6~1297. 8)야말로 마르코 폴로의 『동방견문록』(1271~95)이나 이븐 바투타의 『여행기』(*Travels*, 1325~1353)와 함께 비슷한 시기에 쓰여진 세계3대견문서라 해야 할 것이다. 어찌 보면 주달관의 『진랍풍토기』는 우리에게 이미 친숙한 『위지동이전』(3세기)의 전통을 잇고있는 책이라고 보면 될 것이다. 중국인들이 중국인들의 시각에 변방의 국가들의 사정을 기록해놓은 일종의 인류학적 보고서와 같은 것이다. 중국에는 이러한 전통이 계속 축적되어왔다.

주달관은 원나라의 마지막 시기를 산 사람이다. 그리고 그가 방문한 크메르제국도 전성기를 지나 기울어져 가던 말기의 제국이었다. 그러나 최전성기의 여운이 그대로 남아있는 매우 활기차고 자유로운 모습이었다. 주달관은 초정일민(草庭逸民)이라 호(號)하는 영가(永嘉)의 사람이었다. "초정일민"이라 한 것을 보아 그는 정식의 관직에는 앉아본 적이 없는 사람이었다는 것을 알 수 있다. 영가는 현재 절강성(浙江省) 온주시(溫州市) 영가현(永嘉縣)이다.

주달관은 자기가 크메르에 사신단으로 가게 된 경위를 다음과 같이 쓰고 있다: "성조(원나라)는 크게 하늘의 명을 받아, 사방의 여러나라들을 남김없이 정벌하였다. 이 일환으로 사도원수는 행성을 참파에 개척하였다. 그리고 이때, 한 사람의 호부만호와 한 사람의 금패천호를 진랍국에 파견하여 다스리게 하였으나, 이들은 결국 붙잡혀 돌아오지 못하였다. 원정 을미(1295년) 6월에, 성천자(원나라의 成宗)께서 사절단을 보내어 초유시키려 하였다. 그래서 나로 하여금 종행토록 하시었다."(聖朝誕膺天命, 奄有四海。唆都元帥之置省占城也, 嘗遣一虎符百(萬)戶·一金牌千戶, 同到本國, 竟爲拘執不返。元貞之乙未六月, 聖天子

바이욘사원 부조에 그려진 중국용병들. 중국과의 왕래가 빈번했음을 실증하는 역사적 기록이다. 관을 썼고 염소수염이 났는데 귀가 작은 것이 특징이다. 크메르인과는 달리 의관을 정제하였다.

遣使招諭, 俾余從行。)

　원나라가 변방의 나라들을 복속시키기 위하여 군대를 보냈다 하는 것은 우리나라를 통해 일본에까지 대규모 정벌군을 보낸 역사적 사실(1274년, 1281년 두 차례 정벌, 실패)을 상기하면 쉽게 이해가 갈 것이다. 바로 비슷한 시기에 원나라는 베트남 중부의 참파에 원정군을 보냈던 것이다. 그 원정군의 원수(元帥, generalissimo)의 이름이 사도(唆都, Sotu)였다. 사도라는 이름으로 보아 그는 몽골 장수였음에 틀림이 없다. 몽골군이 일본정벌에서 카미카제(神風) 때문에 실패한 것과는 달리, 참파 정벌은 성공했다. 그리고 사도는 행성(行省)을 개척하였다. 행성이라는 것은 당시 중앙정부를 중서성(中書省)이라 불렀고 지방정부를 행중서성(行中書省)이라 불렀는데, 행성은 곧 행중서성의 약칭이다. 그러니까 참파는 우리나라 고려처럼 복속되었고 행성이 되었던 것이다. (1356년 공민왕이 정동(征東)행중서성을 혁파하여 원을 축출한 사실을 기억할 것.) 이 위세를 몰아 사도는 이웃나라였던 크메르제국을 복속시키려했다. 그러나 군대를 파견한 것은 아니었고 두 사람의 장수를 파견하여 복속(조공관계)을 강요하려 하였던 것이다. 그 파견된 두 장수의 이름은 명기되어 있지않다. 단지 그 위계가 명기되어 있는데 그것이 호부만호(虎符萬戶)와 금패천호(金牌千戶)다. 만호는 7천명 이상 1만명의 군인을 거느리는 장수로서 호랑이대가리 모습을 한 금호패를 차고 다녔다. 천호는 1천명의 군인을 거느리는 장수로서 밋밋한 금호패를 차고 다녔다. 그러니까 요즈음 말로는 투스타 사단장 1명과 대대장 1명을 보냈던 것이다. 그런데 이 소장과 중령 2명은 크메르제국에서 군사적·외교적 목적을 달성치 못했으며 오히려 억류되었고 귀환되지 않았다. 따라서 원정 원년(1295) 6월에 원나라의 성종(成宗)이 사절단을 다시 보내어 억류된 두 장수의 귀환과 함께 재차 복속을 강요하려 하였던 것이다. 이 사절단에 이 지역에 관한 문헌적 지식이 있었던 주달관이라는 학자가 끼게 되었다. 주달관은 자기가 머무는 동안 크메르를 "신복"(臣服)시키는데 성공하였다고 적고 있다.

그런데 이 주달관이 참여한 사절단에 관한 기록이 정사인 『원사』(元史)에는 나오지 않는다. 이 정도의 중요한 사건이 정사에 기록되지 않았다는 것은 매우 흥미롭다. 그러나 원수 사도가 참파에 행성을 개척하여 그곳의 우승(右丞)이 된 것은 1281년 10월의 사실로 기록되어 있다. 그러나 참파행성으로부터 두 장수가 크메르에 파견된 사실은 전혀 기록되어 있지 않다. 두 장수가 억류된 사태는, 분명 주달관이 황제의 명을 받은 1295년 부근의 사건이었을 것이다. 그러나 그때는 그러한 사건이 없었던 평화의 시기였다. 따라서 주달관이 언급하고 있는 사태는 『원사』에 기록되지 않은 어떤 실제사건이었거나, 혹은 주달관이 사절단에는 참여했으되 그 사절단내막을 잘 모르는 사람이었기 때문에 풍월로 들은 이전의 어떤 사건을 막연하게 유추하여 써놓았을 수도 있다. 학자에 따라서는 『원사』의 기록을 세밀하게 검토하여보면 원나라의 쟈바원정과 관련된 기사

중국사람들이 개를 잡아 보신탕 요리 해먹는 장면. 당시 크메르에 차이나타운이 형성되어 있었음을 보여주는 생생한 기록이다.

속에서 주달관의 주장을 뒷받침할 수 있는 근거를 발견할 수 있다고는 하나 그 상세한 시말은 알 수가 없다.

하여튼 내가 생각키에는 주달관이 속한 사절단은 전투적인 임무와는 관련이 없는 평화적인 교류의 일환으로 생각된다. 배 한 척으로 머나먼 중국에서 온 사절단의 위세에 크메르제국이 짓눌렸으리라고는 생각되지 않는다. 그리고 우리가 생각했던 것보다는 외교적 교류가 빈번했던 당시 국제정세의 정확한 실상을 파악할 필요가 있다. 주달관의 행적을 보면 그는 전혀 국

차이나타운의 중국인 서당. 중국인의 교육열과 유교전통은 어디서나 지켜졌다. 상투틀고 무릎 꿇고 앉은 모습을 보라.

빈의 대접을 받지 못했다. 그는 평화사절단에 낀 기록담당의 서기 정도의 역할을 맡은 민간지식인이었을 것이다. 왜냐하면 『진랍풍토기』는 정사에 반영되질 않았기 때문이다. 그는 그냥 비실비실 돌아다니면서 그가 보고느낀 것을 적었던 것 같다. 그만큼 그의 행보는 자유로왔다. 여러 문헌을 추적해보건대, 당시 그의 나이는 대략 35세 정도로 추정된다.

그는 1296년 2월(元貞二年丙申) 명주(明州: 현 浙江省 寧波市)를 떠나, 2월 20일 온주(溫州: 현 浙江省 溫州市)의 항구에서 출

서당 뒤에서 조는 학생. 그리고 존다고 선생한테 일러바치는 학생. 그리고 월사금에 해당되는 가금을 품에 안고 있는 학생들.

범하여 3월 15일에는 베트남 중부 참파(占城)에 이르렀다. 계절풍 역풍을 피해 가을 7월에나 캄보디아에 도착하게 된다. 그리고 1297년 6월(大德元年丁酉) 배를 돌려, 8월 20일에는 사명(四明: 현 浙江省 寧波市 항구지역)에 돌아와 박안(泊岸)하였다. 그러니까 주달관은 앙코르 지역에서 대략 만 1년을 머문 셈이다.

주달관의 『진랍풍토기』 이전에는 캄보디아에 관한 중국기록은 없는가? 많은 사람들이 주달관의 『풍토기』가 유일한 사료로 오해하는데, 주달관 이전에 유사한 자료가 있었다. 이미 송나라 때 조여괄(趙汝适)이 쓴 『제번지』(諸蕃志)에 「진랍국」(眞臘國)기가 있다. 그리고 동시대에 성립한 『도이잡지』(島夷雜誌)에 「진랍국」(眞臘國)기가 있다. 주달관은 이 책들을 보았을 뿐 아니라 그의 『진랍풍토기』 속에서 인용하고 있다.

주달관은 결코 크메르(甘孛智, 澉浦只: 캄보디아의 당시 중국식 음역들)의 역사나 정치상황에 관심을 기울이지 않았다. 그리고 왕실중심의 정치사건에도 별 관심을 기울이지 않았다. 그가 가장 관심을 기울인 것은 크메르 민중의 삶이었다. 이것이 바로 오늘날 『진랍풍토기』의 가치를 높이는 까닭이다. 현재 크메르에는 아무런 문서기록이 남아있지 않으며 문설주에 기록된 산스크리트 금석문들은 모두 궁정중심의 정치사적 사건이나 왕족·귀족에 대한 과장된 찬양이나 불필요한 수사학적 찬사의 나열이 대부분이기 때문이다. 외국인의 눈에 이색적인 것은 본국인에게는 전혀 이색적이 아니어서 기록의 대상이 될 수가 없기 때문이다. 주달관의 기록은 13세기말의 크메르주민들의 생생한 일상생활의 기록이다. 그것은 다음과 같은 제목으로 분류되어 있다.

1. 총서(總敍)
2. 성곽(城郭)
3. 궁실(宮室)
4. 복식(服飾)
5. 관속(官屬)
6. 삼교(三敎)
7. 인물(人物)
8. 산부(産婦)
9. 실녀(室女)
10. 노비(奴婢)
11. 어언(語言)
12. 야인(野人)
13. 문자(文字)
14. 정삭시서(正朔時序)
15. 쟁송(爭訟)
16. 병나(病癩)
17. 사망(死亡)
18. 경종(耕種)
19. 산천(山川)
20. 출산(出産)
21. 무역(貿易)
22. 욕득당화(欲得唐貨)
23. 초목(草木)
24. 비조(飛鳥)
25. 주수(走獸)
26. 소채(蔬菜)
27. 어룡(魚龍)
28. 온양(醞釀)
29. 염초장면(鹽醋醬麵)
30. 잠상(蠶桑)
31. 기용(器用)
32. 거교(車轎)
33. 주즙(舟楫)
34. 속군(屬郡)
35. 촌락(村落)
36. 취담(取膽)
37. 이사(異事)
38. 조욕(澡浴)
39. 유우(流寓)
40. 군마(軍馬)
41. 국주출입(國主出入)

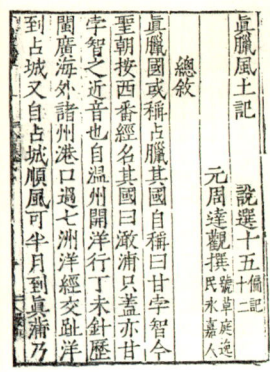

고금설해본(古今說海本) 『진랍풍토기』

주달관의 문장은 매우 명료하며 간략하다. 원나라 때의 가식 없는 담박한 훌륭한 문장이다. 그는 "역"(亦: 또한, 역시)자를 많이 쓰고 있는데 이것은 그에게 비교문화론적 시각이 있음을 나타내준다. 그리고 그의 묘사는 섬세하고 정확하다. 때로는 좀 황당한 것도 있고 또 중국인의 입장에서 기본적으로 야만인의 나라(蠻貊之邦)를 바라보면서 쓴 것이기 때문에 우월적 편견이 있을 수도 있다. 그리고 크메르의 종교를 유(儒)·불(佛)·도(道)의 삼교(三教)로 분류하는 것도 그의 격의론적(格義論的) 사유의 틀을 나타낸다. 유란 바라문이나 기록관을 말한 것이며, 불은

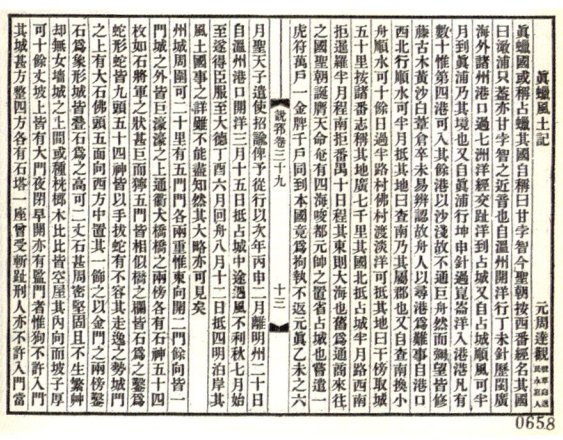
중교설부본(重校說郛本) 『진랍풍토기』

모든 사원의 승려를 말한 것이며, 도는 시바교의 금욕적 요기를 말한 것이다. 그러나 이러한 특성에도 불구하고 주달관의 묘사는 크메르인들의 삶을 담담한 필치로 느낀 그대로 그려나가고 있기 때문에 매우 사실성이 높다. 그리고 그가 그리고 있는 크메르사람들의 삶의 모습이 오늘 우리가 캄보디아의 평범한 농촌에서 경험할 수 있는 대부분의 진실이라는데 이 14세기 초의 문학의 위대성이 있는 것이다. 주달관이 이『진랍풍토기』를 집필한 것은 귀국후 얼마 안된 1300년 전후로 추정된다. 주달관은 지정(至正) 6년(1346)까지는 살아있었던 것으로 추정된다. (원나라 林坤의 『誠齋雜記』에 周達觀이 序文을 썼는데 丙戌로 되어있다. 丙戌은 1346년.) 90세 가까운 천수를 누리고 세상을 떴다.

『진랍풍토기』는 정사에 남은 것이 아니고 명(明)나라 때 도종의(陶宗儀)라는 사람이 전기, 여행기, 잡기 등 온갖 이야기들을 망라하여 펴낸『설부』(說郛)라는 총서에 수록되어 후대에 전하여졌다. 그리고 또 명나라 때 육즙(陸楫)이 편찬한『古今說海』(1544년)라는 총서에도 편입되었다. 그러나 오늘 볼 수 있는『설부』『설해』는 모두 초각본이 아니고 19·20세기의 간행본이므로 판본상 복잡한 문제들이 개재되어 있다. 하여튼 10여 개의 여러 판본이 있으나 대체적으로『설부』백권본과『고금설해』본 두 계통이 있다는 것만 언급해둔다.『설부』에는 권39에 수록되어 있는데 목록에는 진랍풍토기(眞臘風土記)라는 이름으로 되어있고 본문상에는 진랍풍토기(眞蠟風土記)로 되어있으며, 총서(總叙)이하의 중간표제들이 없다. 우리나라에 관하여 북송의 손목(孫穆)이 쓴『계림유사』(鷄林類事)도 이『설부』권7에 실려있는 것이다.

그리고 앙코르유적군이 서방세계에 알려지기 전에 이미 1814년, 파리대학의 중국학 교수 아벨 레뮤자(Abel Rémusat)에 의하여 『진랍풍토기』가 불역되었다는 놀라운 사실도 기억해둘 만하다.(A. Rémusat, *Description du royaume du Cambodge, par un voyageur Chinois qui a visité cette contrée à la fin du XIIIe siècle*, published in *Nouvelles annales des voyages* Vol.Ⅲ, Paris, 1819, pp.5~98.) 그리고 1902년에는, 박식하기로 유명한 불란서 극동학원(EFEO)의 초대교수인 폴 펠리오(Paul Pelliot)는 동학원의 기관지 *BEFEO*(*Bulletin de l'Ecole Française d'Extrême-Orient*, Tome Ⅱ, No.2, 1902, pp.123~177.)에다가 *Mémoires sur les costuems du Cambodge, par Tcheou Ta-kouan*라는 제목으로 매우 본격적인 역주를 발표하였다. 그는 도광 원년(道光 元年, 1821)의 번각본(翻刻本)인 『고금설해』본을 저본으로 썼다.

 이러한 얘기들은 내가 사계의 관심있는 전문가들을 위하여 최소한의 정보를 흘리는 것이지만, 우리가 알아야 할 것은 서양인들이 타국을 이해하는 방식이 얼마나 철두철미한 것인가를 알아야 한다는 것이다. 비록 자발적인 참여는 아니었지만 우리나라의 무수한 젊은이들이 피를 흘린 인도차이나에 관하여 지금도 제대로 된 연구서가 박약하며, 주달관의 『진랍풍토기』의 제대로 된 번역서 한 권이 부재하다는 사실은 인도차이나에 관한 한 우리는 불란서에 200년을 뒤져있다는 것을 입증하는 것이다.

크메르에 살면서도 닭싸움에 열중하는 중국인들. 오른쪽 팀이 중국인들이고 왼쪽 팀이 크메르인들이다. 내기에 걸 물건들도 들고 있다. 바이욘 석벽부조.

 주달관의 "실녀"(室女)라는 9번째 섹션에 보면 인류학적으로 매우 중요한 정보를 전해주는 재미있는 이야기가 실려있다. 실녀란 아직 시집을 가지않은 처녀라는 뜻인데 그 앞의 "산부"(産婦)와 대비되는 개념이다. 그것은 처녀의 처녀성(virginity)을 제거하는 제식에 관한 것인데 오늘날 우리의 일반적 상식에 젖어있는 사람들이 들으면 지극히 오묘하고도 야릇한 관심을 불러일으키기에 충분하다. 또 스산하고 음산한 느낌이 든다. 어찌 이럴 수가 하고. 주달관은 이 제식을 매우 상세히 기술해놓고 있다. 전체 41섹션 중에서 가장 많은 분량을 차지하고 있다는 것만 보아도 그의 관심이 얼마나 맹렬했는가를 알 수 있다. 그런데 그럴 만한 충분한 이유가 있었다. 그가 본 『도이잡지』(島夷雜誌)에 이 풍속이 보고되어 있기 때문에 그는 앙코르에 가기 전에 이미 이 습속에 관하여 엄청난 호기심을 가지고 있었던 것이다. 『도이잡지』의 기록을 있는 그대로 옮기면 다음과 같다.

> 항상 결혼할 때에는 남자가 여자집에 가서 사는 것으로 되어있다. 그런데 매우 우스꽝스러운 한 풍속이 있다. 앙코르사람들은 딸을 낳아 9세에 이르게 되면 곧 스님을 청하여 송경(誦經)하고, 범법(梵法)에 따른 제식을 행하게 된다. 그 제식이란 승려가 손가락으로 처녀의 음문구멍을 휘저어 처녀막을 파손(挑損)하여 거기서 흐르는 피를 취하여 그 처녀의 이마에 도장을 찍는다. 뿐만 아니라 그 처녀의 엄마의 이마에도 피를 취하여 도장을 찍는다. 이것을 리시(利

市: 기쁨, 축복)라 부른다. 이렇게 하면, 이 여자가 훗날 시집을 가서 남편과 사이가 좋아지며, 사람이 밝고 부드러워지며, 가정에 행복이 가득차게 된다고 한다.

그리고 또 이어서 다른 테마의 기록이 있다.

모든 여자는 만 10살이 되면 지체없이 시집을 간다. 만약 아내가 손님과 합방하게 되면 남편은 기뻐하며 자랑스럽게 타인에게 말하곤 한다: "내 아내는 용색이 아름답고, 게다가 총명하다. 그래서 딴 남자들이 내 아내를 훔쳐보는 것이다."

주달관은 2번째 테마에 대해서는 상세하게 기록하지 않았다. 그러나 제1테마와 제2테마는 구조적인 연관성이 있다. 결혼후의 여자의 자유로운 삶의 태도, 특히 성모랄의 구속으로부터 벗어나 있는 독특한 가치관을 전제로 하지 않으면 제1테마, 즉 리시의 제식의 근원적 성격을 우리는 이해할 수 없게 된다. 나는 이러한 기술이 결코 과장되었거나 곡해된 것이라고 생각되지 않는다. 이러한 유사한 풍속에 관한 언급이 마르코 폴로의 『동방견문록』에도 기록되어 있는데 결코 호기심을 자극하기 위한 날조만은 아닌 어떤 당시 변방문화의 구조적 특성을 나타내고 있다고 보여지는 것이다. 우리의 궁금증은 증폭된다. 과연 주달관은 이 독특한 문화현상을 어떤 식으로 관찰하고 해석했을까?

우선 『도이잡지』의 "리시"라는 표현이 주달관의 『진랍풍토기』에는 "진담"(陣毯)이라는 말로 바뀌고 있다. "진담"(tṣiən t'am)이란 캄푸챠말로 "미성년의 남·여"를 뜻하는 촘통(chomtoṅ)의 중국식표기이다. 주달관은 자기가 이 제식을 본 날짜까지 정확히 기록해놓고 있다. 아주 벼르고 별러서 본 것 같다. 1297년 4월 6일 밤이었다. 때는 그가 캄푸챠를 떠나기 두 달 전이었다. 35세의 청년 주달관, 물론 부인을 동반하지 않은 독신 남자로서 이러한 관찰은 매우 스릴있는 탐색이었을 것이다. 그의 묘사는 지극히 사실적이고 자세하다.

> **사람들이 딸을 낳아 기르게되면, 그 부모는 반드시 다음과 같은 말로 축원한다: "원컨대 남정네들이 너를 갖기를 열망하기를, 그리하여 장래 수천·수백의 남자의 품에 안기기를." 부잣집 딸은 7살에서 9살 사이에, 그리고 가난한 집 딸은 적어도 11살에 이르기까지**

는, 반드시 승려나 도사에게 명하여 그 동신의 처녀막을 제거케 한
다. 이 제식을 진담이라 이름한다.

人家養女, 其父母必祝之曰:"願汝有人要, 將來
嫁千百箇丈夫." 富室之女, 自七歲至九歲, 至
貧之家, 則止於十一歲, 必命僧道去其童身, 名
曰陣毯。

 이것은 총론적 기술이다. 부모의 딸에 대한 축원의 원문은
"장래가천백개장부"(將來嫁千百箇丈夫)로 되어있는데, 직역하
면 "장래 천백개 남편에게 시집가기"이 될 것이나 "가"(嫁)
를 "시집간다"로 번역하기는 어렵다. 한 여자가 천번 시집갈
수는 없기 때문이다. 제도적 결혼으로 해석되기보다는, 결혼과
성생활이 분리된 어떤 가치관, 사회구조를 나타내는 것으로 해
석된다. 그래서 "수천·수백의 남자의 품에 안기기를"로 번역
하였다. 가난한 집은 진담이 11살까지 늦어질 수 있다. 제식을
감당할 돈이 없기 때문이다. 그러나 늦어도 11살까지는 진담을
해야한다. 평균은 7~9살 사이다. 열대지방의 여성은 조숙한
다. 그리고 제식을 베푸는 사람을 "승·도"(僧·道)라 했는데,
불교의 승려를 가리킬 수도 있지만 인도의 힌두이즘 풍속의 성

직자 이미지가 더 적합하다. 그리고 기본적으로 토속화된 시바교의 승려(道)나 탄트리즘(밀교)의 원류적인 어떤 요기를 가리킬 것이다. 우리는 너무 우리의 체험구조 속에서만 종교현상을 바라보는 데 익숙해 있을지도 모른다.

> 대저 관사에서 매년 중국의 4월에 해당하는 한달 사이에 하루를 선택하여 국중에 반포한다: "처녀가 있어 진담을 해야하는 집이 있으면 반드시 먼저 관사에 보고하라." 관사에서는 먼저 진담에 해당되는 집에 큰 양초 하나를 지급한다. 양초 어느 부분에는 시각을 나타내는 눈금이 그려져 있다. 진담이 약속된 그날 황혼에는 촛불을 켜게 되는데, 황혼이 어두워지면서 그 시각의 눈금까지 타들어가게 되면 바로 그때가 진담의 시각이 되는 것이다.

蓋官司每歲, 於中國四月內, 擇一日, 頒行本國:
"應有養女當陣毯之家, 先行申報官司." 官司先
給巨燭一條。 燭間刻畫一處。 約是夜遇昏點燭,
至刻畫處 則爲陣毯時候矣。

이 단의 기술에서 중요한 것은 이 진담이 단순히 개인의 선택이나 집안에서 이루어지는 민간행사가 아니라 정해진 날짜에 거국적으로 행하여지는 국가적 행사라는 것이다. 즉 사적인 공간의 사건이 아니라 공적인 공간의 행사이며 이 사회의 공적 모랄과 관계되는 사태라는 것이다. 또 여기서 황혼의 "혼"(昏)이라는 글자에 주목하게 되는데, 우리의 혼례도 본시 황혼에 이루어지는 혼례(昏禮)였다는 사실을 상기할 필요가 있다.

진담 날짜가 정해지면 1개월 혹은 보름, 혹은 열흘 앞서 부모는 반드시 한 승려나 한 도사를 선택해야 한다. 어느 절, 어느 도관이냐에 따라 왕왕 단골관계가 있을 수 있다. 지체가 높은 좋은 승려일수록 관리의 집이나 부잣집에서 먼저 예약을 해버린다. 가난한 집은 별로 선택의 여지가 없다. 관속·부잣집에서는 술·쌀·광목·비단·빈랑·은그릇류를 진담사례비로 보내는데 그 무게가 100근(60.4kg) 정도 되며, 중국화폐로 치면 은 2~3백 냥의 가치에 해당된다. 돈이 없는 자는 3·40근, 혹은 1·20근만 낼 수도 있다. 그것은 집안의 유족함과 가난함의 사정에 따르는 것으로, 정해진 것은 아니다. 가난한 집에서 11살에 이르러서야 진담예식을 치르는 까닭은 이러한 예물을 준비하기가 어렵기 때문이다. 부잣집에서는 가난한 집 딸에게 돈을 주어 진담을 할 수 있도록 베풀기도 하는데 이것은 사회적 미덕에 속하는 일이다. 1년에 승려 한 사람은 처녀 한 사람만을 담당하는 것이 원칙이다. 일단 한 여자를 진담하기로 윤허했으면 그 해에는 딴 여자를 또 해서는 아니된다.

> 先期一月, 或半月, 或十日, 父母必擇一僧或一
> 道。隨其何處寺觀, 往往亦自有主顧, 向上好僧
> 皆爲官戶富室所先, 貧者不暇擇也。官富之家,
> 饋以酒米布帛檳榔銀器之類, 至有一百擔者, 直
> 中國白金二三百兩之物。少者或三四十擔, 或一
> 二十擔, 隨家豐儉, 所以貧人家, 至十一歲而始
> 行事者, 爲難辦此物耳。亦有捨錢與貧女陣毯
> 者, 謂之做好事。蓋一歲中一僧止可御一女, 僧
> 旣允受, 更不他許。

이것은 진담예식이 관공서에서 행하는 국가행사인 동시에 그 재정적 관계는 사원과 민간의 연결고리로 이루어진 것이며 그 나름대로의 축적된 관례와 룰이 있음을 보여주고 있다. 이제부터 본격적으로 진담, 그 황혼의 예식의 장면이 그려진다.

이날 밤 음식이 거하게 차려지고 북과 풍악이 울려퍼진다. 그러면 친척과 이웃이 몰려든다. 대문 밖에는 높게 한 선반이 매여져 있는데, 그 선반 위는 흙으로 빚어 구워낸 사람 혹은 짐승 모양의 토기들로 장식된다. 10여 개부터 3·4개까지 놓여지는데, 가난한 집은 물론 이런 선반을 맬 수가 없다. 그 토기들은 모두 신화적 이야기들과 관련되어 있다. 이것은 진담일로부터 7일 후에 철거된다.

황혼이 깔리기 시작하면 가마와 양산 그리고 북과 음악으로써 승려를 맞이하여 집으로 모셔온다. 수놓은 천으로 두 개의 텐트(정자)를 친다. 그 하나에는 처녀가 앉아있고, 그 하나에는 승려가 앉아있는 것이다. 이때 승려가 소녀에게 뭐라뭐라 속삭이는데 뭔 말인지 알아들을 수가 없었다. 북소리와 음악소리가 시끌쩌끌 울려퍼지며 이 날 밤에는 통행금지도 해제된다.

전해듣기로는, 진담의 시각이 되면 승려는 여자를 데리고 같이 입방하게 되는데 친히 손가락으로 음문을 휘저어 주물럭거려 처녀막을 파열시켜 그 피를 술에 담는다고 한다. 혹자는 말하기를, 그 피를 가지고 엄마와 아버지, 친척과 이웃 모두에게 이마에 점을 찍어준다고 한다. 혹자는 이르기를, 그 피담근 술을 돌아가면서 같이 마신다고 한다. 혹자는 승려는 으레 여자와 성교를 행한다고 말한다. 혹자는 그런 일은 있을 수 없다고 말한다. 나는 이런 말들의 진위를 가리기 위해 꼭 들어가보고 싶었으나 중국사람(唐人)은 보면 안된다고 하면서 허락하지를 않았다. 그래서 그 적확한 실상은 알 수가 없었다. 진담 다음날, 날이 밝으면 또 다시 가마와 양산과 북과 음악으로써 승려를 절로 돌려보낸다. 승려가 돌아간 후에는 반드시 천과 비단류로써 승려에게 바쳐서 여자의 몸값을 치루어야 한다. 그렇지 않으면 이 여자는 평생 이 승려의 소유가 되며 딴 남자에게 시집갈 수가 없게 된다. 내가 본 것은 대덕(大德) 정유년(1297) 4월 초6일 밤이었다.

是夜大設飲食鼓樂, 會親隣, 門外縛一高棚, 裝塑泥人泥獸之屬于其上, 或十餘或止三四枚, 貧家則無之。各按故事, 凡七日而始撤。既昏以轎傘鼓樂迎此僧而歸。以綵帛結二亭子, 一則坐女於其中, 一則僧坐其中。不曉其口說何語。鼓樂之聲喧闐, 是夜不禁犯夜。聞至期與女俱入房, 親以手去其童, 納之酒中。或謂父母親隣各點於額上, 或謂俱嘗以口, 或謂僧與女交媾之事, 或謂無此。但不容唐人見之, 所以莫知其的。至天將明時, 則又以轎傘鼓樂送僧去。後當以布帛之類, 與僧贖身。否則此女終爲此僧所有, 不可得而他適也。余所見者, 大德丁酉之四月初六夜也。

매우 야만적인 풍습처럼 보일 수도 있다. 그리고 여권의 유린처럼 보일 수도 있다. 그러나 이에 대한 근원적 문제는 조금 있다가 내가 총체적으로 해설을 내리겠다. 이 전체 행사의 사회적 의미를 깨닫게 해주는 결정적인 말들이 끝부분에 잘 수록되어 있다.

> 보통 진담 전에는 부모는 딸을 한방에서 데리고 잔다. 그러나 진담을 치른 후에는 딸을 방밖으로 내치게 되며, 딸이 어디로 가든지 어디서 자든지 그것은 딸 자신의 소관이 된다. 그리고 진담 후에는 딸을 구속하거나 남자를 사귀는 것을 감시하거나 하는 일은 없어진다. 그리고 어려서 결혼을 하게되면 납폐(지참금)의 예가 있기는 하나 그것은 매우 간략한 것이며 상황에 따르는 형식적인 것이다. 결혼할 때도 먼저 섹스를 하고서 결혼하는 것(先姦而後娶)이 대부분의 통례이다.
> 이 나라의 풍속은 이것을 수치스럽게 생각하지도 않으며 또 이상하게도 생각하지 않는다.
>
> 前此, 父母必與女同寢; 此後, 則斥於房外, 任其所之, 無復拘束隄防之矣。至若嫁娶, 則雖有納幣之禮, 不過苟簡從事, 多有先姦而後娶者,

其風俗旣不以爲恥, 亦不以爲怪也。

 이상의 언급은 매우 중요하다. 주달관의 문화적 가치의 상대성을 포용하는 열린 마음자세를 엿볼 수 있다. 이 긴 보고서를 주달관은 다음의 멋진 문학적 표현으로써 그 피날레를 장식하고 있다.

> 진담의 밤이 되면 한 골목에 진담을 치르는 집이 열 집에 이를 수도 있다. 그렇게 되면 성안에서 승려나 도사를 맞이하려는 사람들의 행렬이 도로간에서 서로 엇갈리며 번화한 모습이 연출된다. 북과 음악소리가 곳곳에서 그칠 줄을 모른다.
>
> 陣毯之夜, 一巷中, 或至十餘家, 城中迎僧道者, 交錯於途路間, 鼓樂之聲, 無處無之。

 인류의 역사는 남자가 여자를 지배해온 역사다. 지배한다는 뜻은 남자가 여자를 소유한다는 뜻이다. 남자가 여자를 소유케 만드는 가장 핵심적 개념이 정조(chastity)라는 것이다. 정조라는 미덕 때문에 여자는 남자에게 묶이게 된다. 정조라는 것처럼 남자가 보이지 않게 여자를 묶을 수 있는 효율적인 장치도 없다. 그것이 우리가 말하는 도덕(morality)의 핵심이다. 그런데 여기 앙코르제국의 문화에는 재미있게도 일체의 그러한 도덕적 구속력이 존재하지 않는다. 이 진담의 풍속을 자칫 잘못하면 여성잔혹사의 한 장면으로 곡해할 수도 있지만 내가 생각키엔 인류사상 가장 진취적인 사회의 한 단면을 보여주는 색다른 코스모스의 한 체계라고 생각되는 것이다.

서양의 중세기에도 봉건영주에게 초야권(Jus Primae Noctis)이라는 것이 있었다. 영내에 속하는 젊은 여성이 결혼할 때 그 첫날밤을 영주가 먼저 소유하는 것이다. 이것은 매우 남성중심적 봉건사회질서내에서의 음탕한 권력의 남용이다. 『브레이브 하트』의 비극이 그렇게 전개된 것이다. 그러나 여기서 말하는 크메르의 진담은 그러한 방식의 초야권이 승려에게 주어져 있다고 유추하면 곤란할 것 같다. 우선 여기 진담의 대상이 되는 여자는 처녀라고 말하기조차도 어려운 7~9세의 어린아이 소녀다. 이 소녀와 섹스를 나눈다는 것이 초야의 쾌락이 되기는 어렵다. 이것은 과연 무엇을 의미하는가?

우리가 여식(女息)을 낳아 키우는데 가장 공포스럽게 생각하는 것이, 어떻게 딸의 처녀성을 결혼 때까지 보전하느냐에 관한 것이다. 그 이유 하나 때문에 여성은 20여세에 이르기까지 보이지 않는 도덕의 감금 속에서 성장하게 된다. 그런데 이 진담이라는 제식의 중요한 의미는 근원적으로 여성을 어렸을 때 이미 순결이나 정조라는 도덕의 관념으로부터 공적으로 해방시키는 것이다. 아직 성을 제대로 알기도 전에, 아직 초경을 경험하기도 전에, 사회적 공약에 의하여 성에 관한 모든 것을 제식적으로 깨닫게 해주며, 평생동안 지속되는, 처녀막으로 상징되는 모든 여성적 도덕으로부터 해방될 수 있는 계기를 제식적으로 마련해주는 것이다.

이것은 여성을 일찍 가정의 속박으로부터 해방시켜 독자적 삶을 살게 함으로써 사회적 노동력을 확보한다는 의미도 된다. 진담 후 몸값을 치르지 못하면 승려의 소유가 된다는 것도, 대부분 돈이 없는 집안에 해당되는 이야기가 되므로 딸을 일찍 사원으로 출가시키는 한 좋은 방편이지 결코 음산한 슬픈 이야기는 아니다. 사원은 그런 방식으로 사원을 유지할 수 있는 인원을 확보하는 길이 열리게 되는 것이다.

앙코르 와트의 압사라 부조. 이 모습은 크메르 여인의 현실적인 모습을 담고 있다. 19세기까지만 해도 크메르 여인들은 유방을 가리지 않았다. 그러나 현재는 서양종교문명의 영향으로 매우 보수적인 성윤리를 유지하고 있다.

크메르사회는 노예가 분명 있었지만 인도의 카스트적인, 그러니까 수드라나 불가촉천민과 같은 그런 노예가 아니었다. 그들은 직책에 의해서 분류되는 사람들로서 성스러운 사원을 자유롭게 활보했으며 돌기둥의 명문에도 그 이름이 들어가 있기도 했다. 그들은 사람의 노예라기보다는 신의 노예(slaves of God)였다.

진담예식을 전담하는 승려도 집안에 따라 단골이 있었고 나이들고 박식한 승려일수록 선호되었다는 것은, 진담예식을 행하는 솜씨의 능숙도와 어린 소녀에게 정신적 충격을 주지않는 자상함 같은 어떤 기준이 있었을 것이다. 내가 생각키에 승려들은 소녀와 성교를 하는 사람도 있고 하지 않는 사람도 있을 것이다. 그런데 소녀의 처녀막에서 제식을 행할 정도의 피를 받아낸다는 것은 결코 쉬운 일만은 아니었을 것이다. 따라서 능란한 승려들은 이미 동물의 피를 받아오거나, 특별한 물감을 사용하여 그러한 제식용의 피를 확보해놓고 손가락으로 처녀막을 능란하게 파열하고 소녀에게 앞으로 다가올 남자와의 접촉을 아르켜주기 위해 부드럽게 성기를 삽입했을 것이다. 이러한 행위가 공적인 승려의 재량으로 확보되어 있는 한에서는 우리는 이것을 음란한 행위로만 간주할 수는 없다. 그리고 한 승려에게 일년에 단 한번만 허용된다는 제약적 조건이 있다. 승려의 행위는 신적인 행위로서 의미부여가 되므로, 그녀의 처녀막은 누구의 소유물도 아닌 것이 되어버리는 것이다. 그녀의 음문에 삽입되는 모든 남자의 성기는 생산의 수단일 뿐 동등한 자격을 지니게 되는 것이다. 아내가 많은 남성들과 성교를 하는 것을 바로 남편이 자랑스럽게 생각한다든가, 부모가 딸에게 천만명의 남성의 품에 안기는 매력있는 여자가 되라는 축복을 내리는 것은 모든 이러한 여성의 생산성에 대한 예찬이다. 여성의 질구야말로 시바의 요니며 링가이다. 그것은 인간의 소유의 대상이 아니라 신적 경배의 대상이다. 여자는 10세 정도가 되면, 이미 진담의 제식을 거치고 난 후가 되며, 당당한 한 개체로서 자유롭게 행동할 수 있는 사회적 공증을 얻게 된다. 남성과 하등의 차이가 없이 대접을 받게되며 대낮에 남 보는 앞에서도 편안히 벌거벗고 목욕을 할 수 있으며, 원하는 남자와 당당히 성교를 엔죠이 할 수 있게된다. 더 이상 성생활에 관하여 부모의 질타를 받지 않는 것이다. 그리고 이들에게 있어서는 "임신"이라는 현상은 아버지의 혈통이나 족보라는 개념과 무관하다. 이들에게는 X·Y라는 염색체개념이 없었다. 임신은

앙코르 와트에서 웨딩 야외촬영을 하고 있는 크메르 신랑·신부

앙코르의 발견자들

신적인 현상이며, 따라서 생명의 탄생은 남자의 정액의 소유가 될 수 없는 것이다. 오늘 우리가 살고있는 과학적 세계관과는 다른 세계관 속에서 살고있는 그들의 가치체계를 이해할 필요가 있다.

여성의 자궁은 시바의 대지와도 같은 것이다. 풀은 대지에서 솟아나는 것이며 그 풀의 씨앗이 비 속에 있는 것은 아니다. 비는 단지 대지에 내장되어있는 싹을 틔우는 역할만을 수행할 뿐이다. 따라서 여성의 자궁에는 많은 남성의 비가 내릴수록 좋고 건강한 아이가 탄생된다고 믿었던 것이다. 오늘날 우리가 생각하는 과학적 관념이 만들어내는 편협한 소유구조를 그들은 소유하고 있질 않았다. 오늘 우리가 가지고 있는 과학적 지식도 그것이 하나의 신화구조일 수도 있는 것이다. 얼마든지 양자를 들여 키울 수 있는데도 "씨"의 관념 때문에 그렇게도 어렵게 회임의 신화에 매달려 있는 불건강한 인간들을 보면 크메르인들의 신화는 훨씬 더 건강한 것이다. 생명은 본질적으로 사유될 수 없는 것이다. 풀 한 포기가 자기가 생산한 다른 풀 한 포기를 내 소유라고 생각하지는 않는다.

유대인들에게는 "할례"가 있고, 동아시아 한문문화권에는 "사관례"(士冠禮)가 있다. 그러나 이것은 모두 남성을 위한 것이다. 크메르의 진담은 이러한 남성의 제식에 해당되는 여성성인의 제식으로 이해되어야 한다. 그것은 성녀식(成女式)인 것이다. 이러한 크메르의 여성의 문화는 최소한 오늘날 비좁은 성도덕의 울안에서 살고있는 현대여성과 현대남성보다는 훨씬 더 생기발랄한 가치를 발현하고 있는 것으로 보인다.

우리에게 언뜻 이해되기 어려운 듯한 이러한 풍속에 관하여 그 유래를 탐색하는 여러 인류학적 연구가 있다.(웨스터 마르크의[Edward Westermarck]의 『인류결혼의 역사』[*The History of Human Marriage*, New York Allerton Books, 1922], 그리고 이와이 히로사토[岩井大慧]의 "元代の佛僧と成女式と," 『日支佛敎史論考』[東京: 東洋文庫, 1957], pp.357~433.) 이러한 진담의 풍속은 아마도 고대인들의 초경에 대한 공포, 혹은 처녀막파열로 인한 피흘림에 대한 외경에서부터 유래되었을 것이다. 사실 순결한 여자의 가장 중요한 부위로부터 피가 나오는 현상은 끊임없는 공포의 대상이었고 그로부터 많은 타부관념이 형성되었을 것이다. 그 피는 맹독이며 바로 그 피로부터 사람에게 해악을 끼치

는 악마 수파이(Supai)가 출현한다는 신화는 인도 베다경전에 수록되어 있다. 따라서 주달관이 목격하고 기록한 진담의식의 가장 중요한 부분은 처녀막의 피를 신부 본인·신부의 부모 그리고 제식에 모인 친척 전원의 이마에 찍는 것인데, 이것은 바로 악마를 가지고 악마를 방어하는 액땜의 제식이며 또 동시에 악마와의 화해를 의미하는 것이다.

 오늘날 인도여성들이 이마에 빨간점을 찍는 화장법의 습관도 그 원초적인 유래를 따져올라가면 이러한 습속과 관련이 있을 것이다. 시바의 불타는 제3의 눈도 다 이러한 컬트와 어떤 구조적 연관이 있을 것이다. 우리나라 전통혼례에서도 신부의 뺨에 찍는 것을 "연지"라 하고 이마에 찍는 것을 "곤지"라 하는데, 이 연지곤지의 유래도 고대사회의 진담과 같은 어떤 풍습과 관련이 있을 것이다. 알렉스 헤일리 원작의 『뿌리』(*Roots*)라는 영화를 보면 아프리카 감비아 토착사회의 할례의식이 잘 묘사되어 있다. 남동들이 성인의 때(15세)가 되면 한 그룹으로 격리되어 성인식을 올린다. 할례를 올린 후 그 피를 이마에 바르고 동네로 다시 진입한다. 그리고는 곧바로 집을 떠나 독립된 삶을 살아야 한다. 크메르의 진담의식과 별 차이가 없다. 오

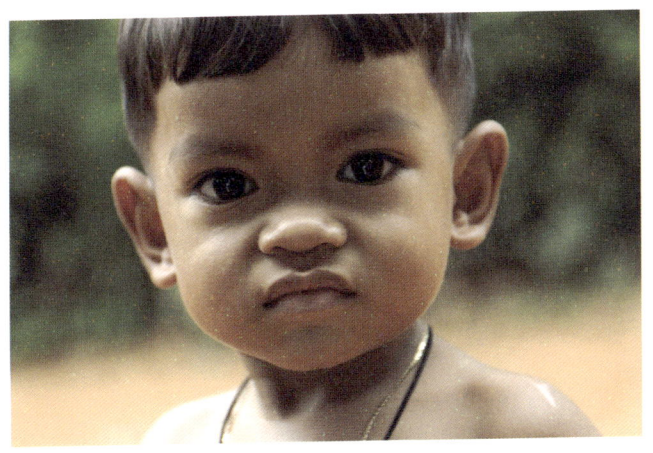

이 소년의 얼굴은 크메르인의 특징있는 윤곽과 품성을 잘 나타내준다.

직 남·녀의 성이 바뀌었을 뿐이다.

　모든 사람이 진담의 때가 되면 그 피를 기다리는 것이다. 그 피야말로 그들에게 행운과 행복을 가져다주는 가장 훌륭한 부적이었던 것이다. 그래서 그것을 이마에 도장찍기도 하고 술에 타서 같이 마시면서 한 가족이 된 기쁨을 만끽했던 것이다. 진담은 결코 음사(淫事)가 아니다. 그것은 부모의 입장에서는 부모의 의무를 충실히 이행했다는 사회적 증표가 되며, 소녀의 입장에서는 악마에게 시달림을 받지 않고 독자적인 인간으로 살아갈 수 있는 성인의 제식이었으며, 승려에게는 모든 사람에게 기쁨을 주는 신성한 의식을 충실히 수행하는 사명이었다. 크메르의 남성들은 처녀막을 보유한 여성을 아주 싫어했다. 그것은 타부의 대상이었다. 많은 남자와 성관계를 맺은 여자일수록 신의 축복을 받은 인간이었던 것이다. (마르코 폴로의 『동방견문록』의 서장(西藏)부분에 이러한 언급이 있다.)

성관념에 대한 이러한 역전은, 우리가 여태까지 너무도 당연한 것으로 받아들여왔던 모든 기본적 가치관을 뿌리로부터 뒤흔드는 충격적 메시지를 담고 있다. 우리의 전통적 도덕관념의 상당한 부분이 "여성의 정조"와 관련이 있다. 그리고 이것이 남성의 우월성이나 소유욕이라는 자연발생적 추세와 관련이 있기도 하지만, 근대사회의 지나친 결백증의 근원이 동정녀 마리아(Virgin Mary) 혹은 무원죄 임신(Immaculate Conception)과 같은 황당한 신화구조에 매달려 있다는 사실을 생각한다면 이러한 진담의 풍습은 우리에게 훨씬 더 건강한 인간의 모습을 전해주는 것이다.

우리나라 고려말 사회풍습을 생각할 때도 우리가 생각하는 것보다는 훨씬 더 건강한 신화적 관념속에서 그들의 삶이 성립했을 수 있다는 것을 재구성해볼 필요가 있다. 단지 이러한 건강한 조선왕조 이전의 풍습이나 크메르의 풍습이 탄트리즘과 밀착되고 그것이 일종의 에소테리즘으로 타락하면서 승려 자신이 그러한 제식적 엄숙주의에서 벗어나 자신의 일락(逸樂)을 탐닉하고 종교매음이나 음사숭배와 같은 대중기만의 병폐로 그 제식을 변질시킬 가능성은 충분히 있다. 그러나 주달관이 본 크메르사회는 매우 건강한 사회였다. 진담은 결코 그러한 음사(淫事)가 아니었다. 우리는 우리와 다른 세계관에서 사는 사람들의 가치관을 깊게 이해할 필요가 있다. 그리고 인간이 이 지구상에 다양한 사회질서를 건설해왔다는 것도 깊게 이해할 필요가 있다.

이러한 크메르의 문화를 이해하지 않는다면, 풍만한 젖가슴을 생동하는 기운찬 모습으로 드러내며 절제된 압사라의 춤을 추고 있는 건강하고 아름다운 앙코르 여성들의 세계를 영원히 이해할 수 없을 것이다. 그들이 바로 앙코르 와트와 같은 인류 예술의 최상의 걸작품을 탄생시켰던 것이다.

이제 우리는 앙코르유적을 바라볼 수 있게 만드는 많은 정신적 기저에 대한 이해를 축적해왔기 때문에 더 이상 건물이나 조각이나 신화에 관하여 상세한 해설을 할 필요가 없을 것 같다. 백문불여일견(百聞不如一見)이라, 독자들 자신이 직접 탐방해보는 수밖에는 별 도리가 없을 것 같다.

 오전 8시 20분, 나는 영롱한 아침햇살을 받으며 앙코르 톰 (Angkor Thom) 남문 앞에 섰다. 앙코르 와트는 앙코르 톰보다 시대가 앞서지만, 앙코르 와트는 마지막날 하루종일 천천히 보기로 했기 때문에, 앙코르 톰을 먼저 보기로 했던 것이다. "앙코르"란 도시란 뜻이다. "톰"이란 크다는 뜻이다. 앙코르 톰이란 "거대한 도시"(Great City)라는 뜻으로 문자 그대로 크메르 제국 후기의 성군인 자야바르만 7세(Jayavarman Ⅶ, 1181~1219 치세)와 그의 승계자들이 이룩해놓은 도시 전체를 지칭하는 집단적 개념이다. 앙코르 톰내에는 많은 사원과 테라스, 광장, 왕궁, 그리고 많은 승려, 군인, 관료들의 주택이 자리잡고 있다. 이 앙코르 톰은 100m 정도의 폭을 지닌 해자로써 사각으로 둘러쳐져 있는데 그 길이는 13.2km정도이며 그 해자 안의 면적은 900 헥타르가 넘는다. 이곳에 약 100만 인구가 살았다고 하는

데 당시 런던의 인구가 5만밖에 되지 않았다. 그리고 해자를 가로질러 들어가는 다섯개의 다리(코즈웨이)가 있고 5개의 웅장한 고푸라가 대문역할을 하면서 우뚝 서있다. 남·북·서에 하나씩 있으나 동쪽에만 두 개가 있다. 내가 서있는 곳은 남문 고푸라로 들어가는 코즈웨이 다리 앞이었다.

사실 내가 앙코르를 방문하게 된 직접적 계기가 된 것은 내 책상 위에 놓여있는 달력과 관련이 있다. 2004년 연초, 대한항공의 현소(玄笑) 조양호(趙亮鎬) 회장이 자신이 직접 싸인한 달력을 보내주었는데 그 달력은 당신이 직접 찍은 사진으로 구성되어 있었다. MBC 강의를 하는 동안, 4월달 내내, 나는 조양호 회장이 찍은 좀 야릇한 표정의 사진을 책상 위에 놓고 보아야 했다. 거대한 돌 신상이 한 줄로 나열하고 있는 모습이었다. 이끼 덮인 우람한 몸체와 아침햇살의 짙은 콘트라스트 속에 성난 듯한 얼굴들의 콘투어가 매우 신선한 인상을 던져주었다. 그 밑에는 "앙코르 와트, 캄보디아"라고 캡션이 달려있었다. 그래서 나는 계속 "이놈의 앙코르 와트를 한번 가봐야지!" 하고 주절거렸던 것이다. 그것이 암시로 작용했고 나는 강의가 끝나자마자 씨엠립으로 가는 비행기에 올라탔던 것이다. 그런데 조회

앙코르 톰 남문 다리

다리의 왼쪽, 신들

장이 찍은 사진은 앙코르 와트가 아니었다. 그것은 앙코르 톰 남문 다리의 웅장한 나가 발루스트레이드(난간)의 모습이었던 것이다. "아! 이거다!" 나의 입에선 저절로 탄성이 울려퍼졌다.

나가의 발루스트레이드! 이 장대한 모습의 원형은 우리가 이미 바콩사원에서 경험했던 것이다. 그러나 바콩에서는 거대한 나가의 몸뚱아리가 땅에 깔려 있었다. 그런데 중기의 대표작인 앙코르 와트에 오면, 나가 난간은 요즈음 우리 주변 건축

다리의 오른쪽, 악마들

물에서 흔히 목격할 수 있는 일정한 양식적 난간기둥(발루스터, baluster) 위로 거대한 나가가 떠받혀 있는 모습으로 나타난다. 그러니까 신 54명, 악마 54명, 전부 108개의 석상이 난간기둥(발루스터)의 기능을 하고 있는 셈이다. 앙코르 와트의 나가 난간은 양식적이지만 앙코르 톰의 나가 난간은 신화적이다. 그런데 이 신화, 인도의 대표적 신화로 꼽히는 이 "우유바다휘젓기"(The Churning of the Ocean of Milk) 이야기는 이미 앙코르 와트 신전의 동쪽회랑 남반부벽(Third gallery, east side, south half)에 49m 폭의 장쾌한 부조(bas-relief)로 조각되어 있었다.

앙코르 와트 제3회랑 우유바다휘젓기 부조

이 앙코르 와트의 부조를 앙코르 톰의 설계자는 나가 난간으로 둔갑시켰던 것이다. 이 신화의 내용에 관해서는 다양한 버전이 있다.(우리나라에 소개된 책으로는 김형준 엮음, 『이야기 인도신화』, 서울: 청아출판사, 2002, 34~40쪽을 보라.)

이 이야기는 불멸을 획득하기 위한 신과 악마의 싸움에 관한 것인데, 『마하바라타』에도 나오지만 『바가바타 뿌라나』(Bhagavata Purana)라는 힌두서사시에 자세히 묘사되어 있다. 불멸이나 영생은 언어를 획득한 모든 존재의 궁극적 갈망일지도 모른다. 아주 옛날, 그 옛날에는 신(deva)이나 악마(asura)나 모두 죽음 앞에 속수무책이었다. 신이나 악마나 죽을 수밖에 없는 존재들이었다. 그러나 신보다는 악마가 더 강했다. 악마와의 싸움에서 악마보다 약한 신이 승리할 수 있는 유일한 길은 불멸(immortality)을 획득하는 것이다. 악마와의 싸움에서 계속 불리한 처지에 놓이게 된 신들은 결국 이 세계를 유지하는 비슈누(Vishnu)신에게 도움을 요청하기에 이른다. 비슈누는 신들에게 다음과 같이 말했다: "우유의 바다를 휘저어라! 거기서 나온 불사의 감로수, 암리타(amrita)를 마셔라! 암리타를 마신 자는 불멸을 획득하리라!" 그런데 그 광대한 우유의 바다를 휘젓는 데는 거대한 물체가 필요했다. 비슈누는 그들에게 메루산(Mount Meru) 동쪽에 있는 만다라산(Mount Mandara)을 우유의 바다 한복판에 옮겨놓으라고 충고했다. 결국 만다라산은 아난타(Ananta)가 뽑았고 그것은 인드라신의 독수리 가루다(Garuda)가 날랐다. 그런데 이 만다라산으로써 우유의

거북이 꾸르마 위에 있는 비슈누

바다를 휘젓기 위해서는 그 산을 휘감을 기다란 로프가 필요했다. 비슈누신은 거대한 뱀인 바수키(Vasuki)에게 만다라산을 휘감도록 명령했다. 바수키가 만다라산을 휘감자 만다라산은 곧 바다 속으로 가라 앉으려 했다.

그러자 비슈누는 스스로 거대한 거북이 꾸르마(Kurma)로 변신하여 만다라산을 자신의 등 위에 올려놓았다. 이에 신과 악마는 협력하여 바수키 뱀을 서로 잡아당겨 만다라산을 회전시

킴으로써 우유의 바다를 휘젓기 시작하게 되는 것이다. 악마들은 바수키 뱀의 머리부분을 잡았고, 신들은 바수키 뱀의 꼬리부분을 잡았다. 이들은 옥신각신 천년 동안의 긴 시간 동안 우유의 바다를 휘저어야 했던 것이다. 과연 암리타는 생성되었을까? 생성되었다면 생성된 암리타는 과연 누가 마셨을까? 암리타가 생성되는 과정에 관한 이야기와, 그 후에 암리타를 놓고 신들과 악마들 사이에서 벌어지는 숨막히는 각축전에 관한 이야기들이 펼쳐진다.

앙코르 와트의 동쪽회랑 남반부 벽에 있는 49m의 장쾌한 부조는 바로 암리타의 생성을 위하여 신들과 악마들이 바수키의 머리와 꼬리부분을 잡고 서로 잡아당기는 줄다리기 모습이 그려져있다. 악마들은 다섯대가리를 하고 있는 바수키의 머리부분으로부터 91명이 나열하고 있고, 신들은 만다라산을 휘감은 바수키의 몸통으로부터 하늘로 치솟은 날렵한 꼬리에 이르기까지 88명이 나열하고 있다. 뱀 바수키를 오른쪽 겨드랑이에 끼고 있는 악마의 모습은 깃털이 달린 투구와 부릅뜬 눈과 튀어나온 눈동자, 그리고 양 눈썹 사이의 흉악한 주름(앙코르 톰의 조각에서는 깊게 강조되었지만 앙코르 와트의 부조에서는 붙은 두 눈썹 정중앙 윗면에 미약하게 나타난다), 아랫입술 위로 삐져나온 송곳잇빨, 우람찬 팔뚝, 깊은 배꼽과 배주름 등으로 그 특징이 나타나고 있다. 반대편의 왼쪽 겨드랑이에 바수키 뱀을 끼고 있는 신들의 모습은 악마의 모습에 비하면 매우 나약하고 소극적이며 곱상하기만 하다. 투구로 볼 수 없는 원추형의 보관, 주름없는 편안한 이마, 알몬드형의 기다란 눈, 날카롭지 않은 콧날, 삐뚤어진 입술, 갸름한 팔뚝, 힘없이 보이는 다리 …… 전체적으로 볼 때 악마의 조각이 훨씬 더 다이내믹하다.

앙코르 와트의 부조는 만다라산을 정중앙에 놓고 그것을 휘감은 한 마리의 뱀을 양쪽에서 줄다리기하고 있는 모습이지만, 앙코르 톰의 다리 난간 석상은 이러한 리얼리티를 근원적으로 파괴시켰다. 다리의 양쪽으로 신과 악마가 나열하고 있기 때문에 바수키 뱀은 한 몸통으로 연결될 길이 없다. 따라서 바수키 뱀은 좌우대칭의 두 마리가 될 수밖에 없다. 이미 신화적 상상력의 인과고리를 다리라는 양식적 특성 때문에 주저없이 파괴해버린 것이다. 여기에서도 크메르 예술가들의 자유로운 창조력의 위대성이 유감없이 발현되고 있는 것이다. 폴 무스(Paul Mus)는 이러한 앙코르 톰의 다리가 두 마리의 뱀이 연결되지

남문 다리 전경

않은 상태로 같은 방향으로 머리를 쳐들고 있고, 신과 악마가 서로 반대방향에서 줄다리기를 하지 않고 있기 때문에 아무것도 휘젓고 있을 수 없다는 이유로 이 다리의 상징성은 우유바다휘젓기 신화와 관련이 있다기보다는 다른 심볼리즘에 있다는 학설을 제창했다. 전통적 힌두 나가신앙에 있어서는, 나가는 무지개를 상징하며 그 무지개는 인간의 세계와 신의 세계를 연결하는 다리라는 것이다. 이 다리는 성과 속을 연결하는 무지개다리로서 더 강렬한 상징적 의미가 있다는 것이다.

그러나 신화적 상상력의 세계에 있어서 우리의 물리적 환경에서 벌어지는 인과고리만을 고집한다는 것은 매우 어리석은 일이다. 두 마리의 뱀이 연결되지 않고 있다든가, 신들과 악마들이 같은 쪽을 향하고 있다든가 하는 따위의 인과적 기술은 전혀 무의미한 것이다. 이 다리를 바라봤을 때 순간에 느끼는 그 게슈탈트는 명백하게 감로수 암리타 신화의 역동성을 우리에게 전달하고 있는 것이다. 우리의 신화적 상상 속에서는 두 마리의 뱀이 한 마리가 될 수도 있는 것이요, 우리를 동시에 마주보고 있는 신과 악마의 얼굴은 서로를 쳐다보며 줄다리기를 하고 있는 역동적 모습을 상징적으로 같은 방향으로 펼쳐놓은 것일 수도 있는 것이다. 문제는 이들이 줄다리기를 하고 있는 소기의 목적인 우유바다휘젓기의 센타에 있는 만다라산은 어디에 있는가 하는 것이다. 바로 그 해답이 앙코르 톰이다. 앙코르 톰이라고 하는, 거대한 사방 해자로 둘러싸인, 이 궁궐도시 전체가 바로 우유의 바다 한복판의 만다라 산이며 불사의 감로수를 생산하는 영원의 땅인 것이다. 앙코르 와트의 179라는 숫자(악마91+신88)를 108이라는 숫자(신54+악마54)로 정형화시킨 것도 앙코르 톰 예술가들의 창안이다. 우유바다휘젓기 신화와 108이라는 숫자를 연결시킨 유례는 인도문명권과 동남아시아 지역에서 크메르가 유일하다.

남문 다리와 해자

나는 이 앙코르 톰의 나가 난간을 최초로 쳐다보는 순간, 우선 그 웅장한 신과 악마의 108석상과 일곱대가리의 거대한 나가(바수키)의 치솟은 모습에 압도되기도 했지만, 나의 머리를 스치는 감회는 프레아 코의 린텔에서 느낀 칼라의 아가리와 그곳에서 물소뿔모양으로 뻗친 나가 몸뚱아리의 상징성의 의미와 동일한 디프 스트럭쳐가 이곳에도 장착되어 있다는 것이었다. 좌청룡, 우백호, 그 중심에 자리잡은 명당! 바로 이러한 성적 함의가 이곳에도 어김없이 심층구조로서 자리잡고 있는 것이다. 모든 신화의 궁극적 의미는 우리의 비근한 일상적 체험의 구조를 떠나지 않는다는 칼 융의 정신분석학적 명제를 다시 상기해볼 필요가 있다. 신화의 이야기는 결국 인간의 이야기다. 우유바다휘젓기도 결코 예외가 아니다.

좌청룡 · 우백호를 여성성기의 대음순둔덕에서 조금 더 거시적으로 확대시키면 나가(바수키)의 몸뚱이처럼 길게 죽 뻗은 미끈하고 싱싱한 여인의 두 다리로 생각해보자. 이 두 다리를 각기 54명의 신과 54명의 악마가 줄다리기를 하고 있다고 생각해보자. 바로 그 두 다리가 만나는 지점에 만다라산, 온

나가와 그 뒤의 나가 몸통을 잡아다니고 있는 신들

우주의 생성의 근원인 자궁, 여성의 음부가 자리잡고 있는 것이다. 우리가 성교를 할 때 씰룩거리는 여성의 골반과 엉덩이 그리고 요동치는 여성의 두 다리, 그리고 끊임없이 절구질치는 거대한 또 하나의 나가, 시바의 링가, 남성 성기의 들락거림을 연상하면, 10분의 성교가 신화적 세계 속에서는 1천년의 시간이 될 수도 있다. 바르톨린선에서 분비되는 질탕한 음문의 바다, 그리고 그곳에서 기나긴 줄다리기 끝에 남성의 성기로부터 사출되는 뿌우연 우유빛의 감로수! 그리고 그 우유를 끊임없이 휘저으면 치즈와 같은 이물질이 탄생된다는 유목민족(인도 아리안족)의 일상적 체험! 하여튼 이런 모든 반복적 체험이 이 신화에는 뒤엉켜있다. 성적 판타지를 인간 신체의 물리적 사태가 아니라 신적인 영감으로 파악했던 크메르인들에게는 자신들에게 비근하게 느껴오던 나가 신앙의 판타지와 비슈누의 암리타 설화를 창조적으로 결합하는 것은 결코 어렵지 않았을 것이다.

 우리는 섹스(성교)를 할 때마다 느끼지 않을 수 없다. 섹스는 신과 악마의 대결의 장이라고! 신과 악마가 쾌락이라는 공동의 목표를 향해 협력하다가도 또 다시 분열되곤 하는 모순덩어리의 체험체계가 우리가 일상적으로 경험하는 섹스가 아닐까? 굳이 기독교문명이 무리하게 부과한 도덕적 타부의 죄의식을 개입시키지 않아도 좋다! 섹스는 우리에게 더 없는 감로수의 쾌락을 가져오는 동시에 신체의 허약과 피로와 파멸을 가져온다. 섹스에는 신과 악마가 필연적으로 중첩되어있다. 그리고 당사자들의 정신세계와 얽힌 소유와 배척과 질투와 임신, 가족 관계의 모든 상황들은 원시인들에게조차 항상 순탄한 해결만을 제공하지는 않았을 것이다.

108이라는 숫자는 비슈누의 화신이 108개이듯이 매우 길한 숫자이기도 하지만, 불교도들에게는 인간의 모든 번뇌를 상징하는 숫자이기도 하다. 54명의 신과 54명의 악마가 양옆에서 지키고 있는 나가의 다리는 결국 여자의 성기로부터 태어나서 여자의 성기로 다시 회귀하는 인간의 운명을 상징하기도 하며, 성과 속을 연결하는 무지개이기도 할 것이다. 앙코르 톰의 남문은 결국 자궁에서 태어나서 자궁으로 돌아가는 인간존재의 운명을 상징적으로 말해주고 있다. 그것은 영원한 보지로 인도하는 두 다리며 그 사이 가랭이에는 백팔번뇌가 깔려있다. 앙코르 와트가 비슈누신앙의 산물이라면 앙코르 톰은 이미 관세음보살의 대승신앙(Lokeśvara Mhāyānism: 로케슈바라와 관세음보살은 정확히 일치되지는 않지만 비슷한 상징성을 지니고 있다. 본 여행기에서는 편의상 양자를 동일하게 취급한다.)에 의해 지배된 사원이라는 역사적 사실을 생각할 때, 우리는 108이라는 숫자의 의미를 불교적으로 연상시켜 충분히 생각할 수 있는 것이다.

남문

 인간은 보지로 시작하여 보지로 죽는다. 그 과정이 신과 악마의 세계며, 108번뇌며, 종교며 문학이며 사상이며 예술이며 신화며 실존이다. 이러한 나의 노골적 명제는 크메르인들에게는 조금도 낯설지 않다. 그들은 이러한 섹슈알 판타지를 위대한 건축과 예술의 상징성으로 승화시켜 표현할 줄 알았던 것이다. 크메르예술에 대한 나의 경외감은 바로 앙코르 톰의 남문 다리에서 시작되어 바로 그곳에서 끝나고 있는 것이다.

 인간이라는 신, 그 신적 존재의 영속성은 보지라는 질펀한 우유바다를 끊임없이 휘저어 생겨나는 뿌우연 감로수, 그 암리타를 바로 자궁이 삼켜버림으로서만 보장되는 것이다. 인간이

남문 위의 4면에 있는
관세음보살

라는 존재의 신성과 악마성, 단절과 연속, 순간과 영원, 쾌락과 번뇌, 해탈과 구속, 그 모든 아이러니를 앙코르 톰의 다리는 연결해주고 있었다. 그것은 인간이라는 존재의 성과 속의 무지개였다.

주달관은 내가 서있던 바로 그곳에 정확하게 708년 전에 서있었다. 그는 다음과 같이 썼다.

주성의 주위는 20리나 된다. 성으로 들어가는 대문은 5개가 있다. 그런데 그 성문은 이중으로 되어있다. 오직 동쪽의 두 대문만을 열어놓는다. 동쪽 외의 향방에는 모두 문이 하나씩이다. 성밖은 모두 거대한 해자로 둘러쳐있다. 해자 위에는 큰 길로 통하는 대교가 있다. 그 다리의 양방에는 각기 54개의 석신(石神)이 우뚝 서있다. 중국에서 보는 석장군의 모습과도 같은데, 몹시 거대하고 사나운 형상이다. 다섯 대문의 다리가 모두 비슷한 구조로 되어있다. 다리의 난간은 모두 돌로 만든 것인데, 쪼아서 거대한 뱀의 형태로 만들었다. 그 양쪽 뱀의 대가리는 모두 아홉 개다. 54신이 모두 손으로 뱀을 잡아 당기고 있는데 뱀이 달아나는 것을 용납치 않을 위세로 서있다.

州城周圍可二十里, 有五門, 門各兩重。惟東向開二門, 餘向皆一門。城之外巨濠, 濠之外皆通衢大橋。橋之兩傍, 各有石神五十四枚, 如石將軍之狀, 甚巨而獰。五門皆相似。橋之闌皆石爲之, 鑿爲蛇形, 蛇皆九頭。五十四神皆以手拔蛇, 有不容其走逸之勢。

    주달관의 기록은 놀라웁게 사실적이고 정확하다. 여기서 "주성"(州城)이란 앙코르 톰을 말하는 것이다. 앙코르 톰의 주위가 "20리"라는 표현도 1리가 589m이므로, 11.78km, 앙코르 톰의 성 한 면이 3km 정도(3×4=12km)이므로 대략 들어맞는다. 그리고 성문이 5개며, 동쪽에 2개 나머지 1개씩이라는 기술도 정확하다. 지금은 남문을 통해 출입하지만 당시는 동쪽 2개만 열어놓았고 북·남·서문은 출입문으로 사용하지 않았을 것이다. 그리고 성문이 이중으로 되어있다는 것은 고푸라의 안과 밖으로 두 개의 문이 있었다는 것을 의미한다. 그리고 "다리의 양방에 각기 54개의 석신이 있다"(橋之兩傍, 各有石神五十四枚)라는 표현도 매우 적확하다. 일인 학자 와다 히사노리(和田久德)가 이 구절을 해석하면서 "각유"(各有)는 "공유"(共有)의 오기(誤記)일 것이며, 한 편에 27개씩, 합계 54개라고 그릇된 주석을 달아놓는 바람에 최근에 나온 해설서들에 혼동이 있으나 주달관의 기록은 20세기 일본학자의 주석보다 더 정확하다.*

* 우리나라에 앙코르 문명을 소개한 책으로 서규석의 『신화가 만든 문명 앙코르 와트』(서울 : 리북, 2003)가 있는데, 그 속에 주달관의 『진랍풍토기』가 완역되어 있다(209~253쪽). 그 노고를 격려하고 싶은 마음이 앞서지만 서규석은 와다씨의 오류를 여과없이 노골적으로 반복하고 있다: "다리 양쪽에는 27개씩 모두 54개의 석상이 석장군 모습을 하고 있다."(211쪽). "橋之兩傍, 各有石神五十四枚, 如石將軍之狀, 甚巨而獰."이라는 구절이 서규석의 방식대로 번역될 수 있는 길은 전무하다. "甚巨而獰"도 번역에서 누락되었다. 서규석의 주석을 보면 서규석은 와다본을 주로 활용한 것이 완

연할 뿐 아니라, 206쪽에는 와다의 平凡社 東洋文庫(507)본에 실려있는 古今說海本(嘉靖二十三年原刊) 『진랍풍토기』 목록 페이지를 영인해놓고 있으면서도, 일체 와다씨의 번역본에 의거했다는 전거사실을 밝히지 않고 있다. 그리고 다음과 같이 쓰고 있다: "본서에 실린 『진랍풍토기』는 1993년 Siam Society가 방콕에서 발행한 길먼의 번역서 *The Customs of Cambodia*와 1990년 장종상(張宗祥)이 상해 상무인서관에서 재출간한 것을 비교하면서 번역한 것이다." 영역의 전거는 자랑스럽게 밝히면서, 그것보다 더 전문적이며 포괄적이며 또 자신이 주로 활용한 일역의 전거는 숨기는 태도는 이해가 가지 않는다. 번역은 반드시 일차적으로 원문에 의거해야한다. 원문의 의미체계를 맥락적으로 오늘의 한국인에게 정확히 전달해야한다. 그리고 자신의 번역이 2차자료에 의거했을 경우에는 그 자료의 문제점에 관하여 세심한 주의를 기울여야 한다. 서규석은 이러한 엄밀한 태도를 고수하지 않았다.

서규석이 지은 『신화가 만든 문명 앙코르 와트』는 대체적으로 앙코르 와트와 크메르문명을 한국의 일반독자들에게 소개하기 위하여 부심한 노력이 엿보인다. 그는 2000년 5월초 가족과 함께 그곳으로 여행을 떠났다고 했다. 그리고 약 2년에 걸친 연구 끝에 졸고를 완성했다고 했다. 그러나 그의 연구문헌을 살펴보면 좀 빈약한 범위에 머무르고 있다. 중요한 전거들이 누락되어 있다. 그리고 서규석씨는 동문수학의 서성호 사장으로부터 여행과 집필과정을 통하여 엄청난 도움을 받았던 것 같다. 그런데 서규석은 자기가 도움을 받은 서성호라는 정보통에 관하여 서문에서조차 한마디도 언급하지 않았다.

우리사회의 가장 큰 문제점 중의 하나가 지식인의 정직성(integrity)에 관한 것이다. 우리나라의 정치·경제·사회·문화·예술 각 방면에 거짓이 만연되어 있는 그 근원에는 지식 그 자체의 솔직함과 개방성의 결여가 자리잡고 있는 것이다. 지식은 꾸며서는 아니된다. 위장된 권위를 가장해서는 아니된다. 길거리에서 들은 풍월이라도 그것이 소중한 나의 깨달음이나 새로운 지적체계의 근거가 되었을 때는 반드시 그 전거를 밝혀야 한다. 나의 저서를 읽고 영향을 받고 그 영향을 표현하는 수많은 학도들이 애써 그 전거를 숨기려고 하는 가련한 모습들을 관조하면서, 나는 너무도 정직하다는 이유 하나 때문에 너무도 많은 비판 아닌 비난을 들어왔다. 그러기에 나는 더욱 정직해지려고 힘쓴다. 그 이유는 오로지 단 하나! 지식인들이 서로를 인정하고 서로를 격려하면서 자신들의 지식의 현주소를 밝힐 수 있을 때만이 우리는 비로소 서양학문을 극복하고 우리학문을 할 수 있게 된다는 것이다.

나는 결코 서규석의 저술의 가치를 폄하할 생각은 없다. 그것은 분명 앙코르문명에 관한 한국인의 저술로서는 파이오니어적인 가치를 지니는 작품일 것이다. 그리고 정보를 성실하게 수집한 성의도 엿보인다. 단지 연대 사회학과에서 박사학위까지 취득한 그가 자신의 지식에 관하여 보다 정직하고 정확한 시각을 획득한다면, 앞으로 더 많은 훌륭한 지적 성과물이 나오리라는 기대에서 이 주문(註文)을 덧붙인다.

분명 양방에 54개씩 도합 108개다. 다리가 5개이므로 앙코르 톰의 다리 석상은 총 540개가 되는 것이다. 와다씨의 주석은 중국학자의 연구에 의지한 것인데 모두 실측에 의거하지 않은 오류인 것이다.

주달관이 다리의 석상을 기술한 것을 보면, 그에게는 이 나가 다리를 지배하고 있는 배경적 신화구조에 관한 지식이 전달되어 있지 않았음을 입증한다. 그러한 상황에서 그가 몹시 거대하고 사나운 모습을 한 석장군 모습의 54신이 모두 손으로 뱀을 잡아당기고 있으며 뱀이 달아나지 못하게 하는 위세를 하고 있다고 표현한 것은 놀라운 사실적 관찰력이다. 단지 나가 대가리가 9개가 아니라 7개라는 것이 지적될 수 있을 것이지만, 그의 관찰은 "구룡폭포"와 같은 용례에서 볼 수 있듯이, 도가적 9수의 선입견에 지배된 것일 수도 있다.

앙코르 와트의 석옥(石屋). 기둥 사이가 한 칸이다.

 앙코르 톰에 관한 주달관의 기록은 매우 자세하지만, 앙코르 문명을 대변하는 듯이 우리에게 인지되고 있는 앙코르 와트에 관해서는 다음과 같은 단 한줄의 언급밖에는 없다.

노반(魯般)의 묘는 남문밖 1리 정도에 위치하고 있다. 그 주위가 10리나 되는데 돌로 만든 긴 회랑이 수백 칸이나 된다.

魯般墓在南門外一里許, 周圍可十里, 石屋數百間。

많은 사람이 주달관의 상세한 『풍토기』 속에 상대적으로 앙코르 와트의 언급이 이 한 줄밖에는 없다는 사실을 불가사의하게 생각한다. 주달관은 앙코르 톰 남문에서 앙코르 와트 앞을 지나 씨엠립에 이르는 길을 수없이 다녔을 것이고, 분명 앙코르 와트라는 장대한 건조물을 목도하지 않았을 리는 없었기 때문이다. 그러나 그것은 불가사의가 아니라 상식적으로 충분히 설명될 수 있는 사태에 속하는 것이다. 앙코르 와트에 대한 언급 이전에 다음의 한 줄이 있다.

> **석탑이 있는 산이 앙코르 톰 남문 밖을 나서면 반여리되는 곳에 있다. 통속적으로 노반이 하룻밤에 조성한 것이라고 전하여지고 있다.**[*]
>
> **石塔出南門外半里餘, 俗傳魯般一夜造成。**

[*] 서규석은 "俗傳魯般一夜造成"을 앞 문장에 속한 것으로 보지 않고, 뒤로 붙여 읽었다. 그래서 프놈 바켕을 수식한 말이 아니라 앙코르 와트를 수식한 말이 되어버렸다. "노반(魯般)이 하룻밤에 쌓았다는 노반의 묘가 남문 밖 1리에 위치해 있는데, …" 云云. 오역이다.

앙코르 와트 회랑 뒷면

"석탑이 있는 산"(石塔: "山"은 해석의 맥락상으로 내가 첨가한 것)은 신성한 도시 야소다라뿌라의 중심사원이었던 프놈 바켕(Phnom Bakheng)을 가리킨다. 메루산을 상징하는 중앙탑을 에워싸고 108개의 탑이 피라밋구조로 정교하게 배치되어 있는 모습은 이미 설명한 바와 같다. 이 프놈 바켕이 속전(俗傳)에 의하면 "노반이 하룻밤에 조성한 것"이라는 것이다. 여기 노반(魯般: 魯班이라고도 쓴다)이라는 어휘선택은 크메르에 살던 중국인들의 표현방식을 주달관이 그대로 옮겨놓은 것이다. 노반은 노(魯)나라 애공(哀公) 때의 유명한 공장(工匠)이었는데 공수반(公輸班)을 일컫는다. 『맹자』의 「이루」편 첫머리에는 공수자

(公輸子)라는 이름으로 나온다.(離婁之明, 公輸子之巧, 不以規矩, 不能成方圓。) 훗날 그는 중국인들에게는 공장(工匠)의 제신(祭神)으로 떠받들어졌다. 그는 목수의 신이었다.

프놈 바켕은 노반과도 같은 어떤 신적인 공장에 의해 하룻밤에 이루어졌다. 주달관은 물론 이러한 것을 사실로 받아들이지는 않았다. 그래서 "속전"(俗傳), 즉 "세속에 전하기를…"이라고 표현한 것이다. 인도문명권에서 노반에 해당되는 공장의 신은 비슈바까르만(Viśvakarman)이다. 야소바르만이 야소다라뿌라로 천도를 결심하고 국가신전으로서의 프놈 바켕을 비교적 단시간에 지었기 때문에 비슈바까르만이 하룻밤에 조성했다는 민간설화가 유포되었던 것이다. 그것은 "최초의 앙코르"(The First Angkor)라고도 불린다.

앙코르 톰의 남문을 나와 내려가다 보면 오른쪽에 프놈 바켕(向東)이 나타나고 왼쪽에 앙코르 와트(向西)가 나타난다. 프놈 바켕이 그 중간쯤에 위치하고 있으므로, 주달관이 프놈 바켕을 남문의 반리(半里), 앙코르 와트를 남문의 1리(一里)라고 표현한 것은 비례적으로 대강 정확한 위치감각을 나타낸 것이다.(정확하게 말하자면 프놈 바켕은 앙코르 톰 남문으로부터 300m 정도 떨어져 있고, 앙코르 와트는 1.5㎞정도 떨어져 있다.) 주달관이 이 길을 실제적으로 다니면서 느낀 거리감각을 기술한 것으로 볼 수밖에 없다. 따라서 주달관이 앙코르 와트를 보지 않았다는 추측은 성립하기 어렵다. 주달관이 앙코르 와트 앞길을 지나다녔다면 어찌하여 그 장쾌한 광경에 대하여 무심할 수 있었을까? 그러나 우리는 주달관의 짧은 기록으로부터 오히려 당대의 사회상이나 인식체계에 관하여 더 많은 정보를 읽어낼 수가 있는 것이다.

우선 주달관이 앙코르 와트를 표현한 용어에 관하여 세심한 주의를 기울일 필요가 있다. 물론 앙코르 와트(Angkor Wat)가 당시의 이름은 아니다. 앙코르(Angkor)란 말은 원래 산스크리트어로 도시, 왕궁, 수도를 의미하는 나가라(Nagara)라는 말이 음운변화를 일으켜 크메르어화 한 말이다(나가라nagara→노코르nokor→옹코르ongkor→앙코르angkor). 와트(Wat)는 타이말(Siamese)로 절(temple)이라는 말이다. 이것은 앙코르 와트가 앙코르 제국 멸망후에 상좌부 불교사원으로 사용되면서(16세기경) 붙여진 이름이며 그것은 1632년의 명문에 처음 등장한다

(Briggs 203). 앙코르 와트란 정확히 "제도(帝都)의 탑"(The Pagoda of the Capital)이라는 뜻이다.

 앙코르 와트가 본래 어떠한 기능을 수행하기 위하여 지어진 건조물인가 하는 것에 관하여 지금도 학자들 사이에 수많은 논의가 있다. 왕궁(palace)인가? 사원(temple)인가? 무덤(tomb)인가? 1880년 프랑스 학자 에이모니에(Aymonier)는 캄보디아의 민간전설에 기초하여, 앙코르 와트는 의심할 바 없이 왕궁, 혹은 궁녀들의 하렘의 목적으로 지어진 것이라고 주장했다.(It seems to me incontestable that tradition is right regarding the primitive destination of this building; it was a palace, even a harem.) 그러나 앙코르 와트를 실제로 조사해보면 그곳에는 인간이 거주할 수 있는 휴메인 스페이스가 없다. 그것은 왕궁일 수는 없다.

 명문등 고대자료에 의하면 앙코르 와트를 지은 수리야바르만 2세(Suryavarman II, 1113~1150 치세)의 시대야말로 비슈누 숭배(Vishnuism)의 전성시기이며, 이 앙코르 와트가 비슈누신에게 봉헌된 제식의 장소라는 것은 의심의 여지가 없다. 이 시기에 동남아시아에서는 대승불교와 시바숭배(Shivaism)의 신크레티즘이 성행했지만, 수리야바르만 2세는 오히려 비슈누숭배와 시바숭배를 자신의 신적 권위의 강화를 위하여 묘하게 결합시켰다. 물론 대승불교의 약간의 침투도 배제할 수는 없을 것이다.

 여기에 강력히 살아남은 크메르제국의 전통은 자야바르만 2세이래의 데바라자(devaraja) 컬트다. 왕 자신을 신으로 인식하는 것이다. 전쟁을 좋아했고, 위대한 건축가였으며, 종교적 개혁가였던 수리야바르만 2세는 자신을 비슈누신과 동일시했다. 앙코르 톰의 주인공인 자야바르만 7세가 붓다라자(Buddharaja)였다면, 앙코르 와트의 주인공인 수리야바르만 2세는 비슈누라자(Vishnuraja)였던 것이다. 결국 앙코르 와트는 비슈누신을 위한 신전으로 지어졌고 또 동시에 비슈누신의 구체적 화신인 수리야바르만 2세의 무덤으로 기능하였던 것이다. 수리야바르만 2세를 화장한 재단지가 그 메루산 스투파 정중앙에 모셔졌던 것이다. 앙코르 와트는 조르쥬 세데스(Goerge Coedès)의 표현대로 그것은 능묘사원(Funerary temple)이었다. 그리고 그것은 수리야바르만 2세의 사후에는 사람들에게 점차 왕릉

(mausoleum)으로 더 강하게 인지되었을 것이다.

주달관이 앙코르 와트를 표현한 단어는 "노반의 묘"(魯般墓)이다. 이것은 "노반이 묻힌 묘"라는 뜻은 결코 아닐 것이다. 그것은 "노반이 지은 묘"일 것이다. 결국 "노반"을 빼고 나면 그것은 단순히 "묘"일 뿐이다. 이것은 우리의 논의에 매우 중요한 단서를 제공하는 역사적 기술이다. 즉 주달관이 방문한 13세기말에는 앙코르 와트는 사람들에게 "무덤"으로 인지되었을 뿐이라는 것이다.

수리야바르만 2세는 지금은 타일랜드 동북방에 속하는 문 계곡(the Mun Valley)의 영주로서 자야바르만 6세(1080~1107 치세)의 누이의 외손자이긴 했지만 크메르 왕위를 물려받을 수 있는 적통의 사나이는 아니었다. 그는 허약해진 왕권을 보위하기 위하여 왕위를 탈취했다. 하룻만의 혁명으로 선왕 다라닌드라바르만 1세(Dharanindravarman I)를 폐위시켰다. 그래서 그는 매우 혁신적이고 진취적이었으며 끊임없는 전쟁을 통해 제국의 기틀을 닦았다. 이러한 혁신의 핵심에 비슈누숭배가 자리잡고 있다. 이전의 시바이즘을 뛰어넘는 더 강력한 이미지가 필요했던 것이다. 우유바다휘젓기 신화도 비슈누의 무한한 능력을 과시하고 신들에게 불멸을 선사했으며, 인드라신을 모든 신들의 제왕으로서 확고하게 만들었다. 이러한 비슈누 이미지와 수리야바르만의 집권에는 모종의 상관성이 있을 것이다. 엘리노 만니까(Eleanor Mannikka)는 앙코르 와트 건물의 구조자체를 우유바다 휘젓기 신화와 관련지어 해석한다. 메루산(Mount Meru)을 상징하는 중앙탑은 우유바다휘젓기의 축을 이루는 만다라산에 해당된다고 주장한다.

수리야바르만 2세가 권력을 쟁취하는데 어렸을때부터의 친구로서 크나큰 공적을 세웠을 뿐아니라, 수리야바르만 2세의 치세를 현명하게 보좌한 위대한 브라만이며, 데바라자의 대성직자(뿌로히타, purohita)인 역사적 인물, 디바까라빤디타(Divakarapandita)야말로 이 위대한 건조물 앙코르 와트의 설계자라고 추정하는데 대부분의 학자들의 견해가 일치하고 있다.

그러나 민간설화에는 앙코르 와트의 건조에 관하여 다양한 전승이 있다. 지상과 천상을 왔다갔다 하는 우리나라의 나뭇꾼과 선녀와 같은 이야기가 얽혀져 있는데 그 스토리가 일정치

않다. 하여튼 인드라신은 지상에 살고 있었던 인드라신의 아들 브라흐 케트 메알레아(Brah Ket Mealea)와 한 공주를, 인도신화에 나오는 33명의 신들이 살고 있는 곳으로 승천시켰다. 그런데 신들은 인간의 냄새를 싫어했다. 그래서 인드라신은 하는 수 없이 자기아들 브라흐 케트 메알레아를 지상에 내려보내는 조건으로 무슨 요구든지 다 들어주겠다고 했다. 케트 메알레아는 우선 콕 틀록(Kok Thlok: 틀록 나무가 많은 땅, 즉 캄부자데사 Kambujadesa)이라는 지상의 땅을 선택했다. 그리고 천계의 아름다운 궁전과 똑같은 위대한 궁전을 콕 틀록에 지어줄 것을 요청했다. 인드라신은 케트 메랄레아와 함께 건축의 신, 비슈바까르만을 파견한다. 이렇게해서 앙코르 와트는 비슈바까르만에 의하여 지어지게 되었다는 것이다. 앙코르 와트가 너무도 아름답고 또 완벽한 조형성을 자랑하는 작품이기 때문에 이러한 설화가 지어진 것은 너무도 당연하다. "노반의 묘"라는 주달관의 표현에 관하여 여러가지 해석이 있으나(Briggs 203), "비슈바까르만에 의하여 지어진 묘"라는 당시의 통속적 설화를 반영하는 것으로 해석하는 것이 가장 무난할 것으로 보인다. 여기서 가장 중요한 사실은 앙코르 와트는 "묘"일 뿐이었다는 것이다. 당시 사람들에게 묘로서 인식될 뿐인 건조물이었으므로, 그래도 명색이 중국, 즉 대원제국의 외교적 임무를 띤 사신인 주달관에게는 묘가 그다지 중요한 의미를 지니지는 않았을 것이다. 동구릉의 건원릉이 제아무리 거대하고 찬란하다 한들 그 묘에 대한 관심은, 정치적 밋션을 지닌 사신에게는 경복궁에 대한 관심에는 견줄 바가 없을 것이다.

뿐만 아니라, 우리는 주달관의 기술을 통하여 당대 앙코르제국의 모든 활동이 완벽하게 앙코르 톰 중심이었다는 상황을 추적해볼 수 있다. 주달관이 체류했던 시기는 앙코르 톰을 세운 자야바르만 7세의 전성기가 끝나고 제국이 황혼을 향해 치닫던 시기였다. 그러나 제국의 영화가 아직 찬란한 석양의 빛을 발하던 시기였다. 이 시기에는 최소한 앙코르 와트를 세운 수리야바르만 2세의 권위나 그에 대한 존경심이 별로 느껴지지 않았다는 것을 의미한다. 그리고 앙코르 와트에서는 중요한 국가행사나 제식이 이루어지지 않았다는 것을 의미하는 것이다.

앙코르 와트의 가장 중요한 특색중의 하나는 그 전체건물이 서향으로 지어졌다는 것이다. 앙코르 지역의 사원·신전·왕궁들은 모두 동향이다. 물론 예외도 있다. 타일랜드 동북방에 있는 피마이(Phimai) 신전은 동남향이며, 야소바르만 1세때부터 지어지기 시작한 프레아 비헤아르(Preah Vihear, 893년에 건립되기 시작하여 수차례 증축됨)는 북향이다. 프레아 피투(Preah Pithu)의 두 사원과 프레아 칸(Preah Khan)의 비슈누신전은 서향이다. 그러나 앙코르의 주요사원·궁궐들은 모두 동향이다. 동향은 물론 뜨는 해를 맞이한다. 그것은 따스한 동방 목(木)이며 봄(春)이며 생명이며 시작이며 밝음이다.

앙코르 와트가 서향이라는 사실은 상식적으로 그것이 죽음과 관련된 건물이라는 명백한 해석을 거부할 길은 없다. 서향은 차거운 서방 금(金)이며 가을(秋)이며 죽음이며 끝이며 어둠이다. 중국의 오행사상까지 운운치 않는다해도 그 심볼리즘의 의미는 매우 명백한 것이다. 엘리노 만니까(Eleanor Mannikka)라는 여성학자(텍사스 산 안토니오 트리니티대학의 큐레이터)는 앙코르 와트의 구조를 천문학적 현상과 관련지어 그 필연성을 입증하려 했다. 앙코르 와트의 모든 규모를 계측하여 정교하게 수량화시켰다. 그러나 나는 이러한 연구를 별로 높게 평가하지 않는다. 아무리 정교한 듯이 보여도 그 해석은 결국 자의적이기 때문이다. 앙코르 와트가 서향이라는 사실은 그것 자체로 이미 "노반의 묘"라는 주달관의 표현을 입증하는 것이다. 비슈누신의 상징이 서쪽과 관련이 있어서 서향건물이 되었을 것이라고 말하기도 하나 모든 비슈누신전이 서향이 되어야 한다는 필연성은 어느 곳에도 없다.

다음으로 주달관의 기록에 "앙코르 와트의 주위가 10리나 된다"(周圍可十里)라고 기술한 것도 비록 간략한 표현이긴 하지만 매우 정확한 실측규모를 반영하고 있다. 앙코르 와트는 200미터 폭의 거대한 해자로 둘러싸여 있다. 해자로 둘러싸인 최외곽의 길이는 동서가 1.5km이며 남북이 1.3km이다. 그러니까 총둘레는 5.6km이다. "십리"는 원대기준으로 5.89km이므로 거의 실측 규모와 일치한다.

마지막으로 우리의 주목을 끄는 주달관의 기술은 "석옥수백간"(石屋數百間)이라는 표현이다. 이 "석옥수백간"이라는 구문을 『진랍풍토기』를 최초로 번역한 아벨 레뮤자, 그리고 극동학원의 초대교수인 폴

펠리오로부터 일인학자 와다 히사노리(和田久德)에 이르기까지 모두 오역했다.

그들은 예외없이 이 구문을 "돌로 된 방이 수백개나 된다"라고 번역했던 것이다. 서규석의 번역도 예외가 아니다: "돌로 만든 방(部屋)들이 수백개에 이르며 주위는 약 10리나 된다." 원문을 따르자면 "주위는 약 10리나 된다"가 "석옥"(石屋)에 대한 묘사보다 앞에 와야 한다. 그리고 서규석은 "돌로 만든 방"이라 번역해놓고 또 친절하게 괄호에 "部屋"이라 써놓았는데 "部屋"은 한국말도 아니며 주달관의 원문과 관련이 없다. 그것은 방을 의미하는 "헤야"(へや)라는 일본말의 한문표기일 뿐이다. 그가 원문에 대한 치밀한 대조가 없이 와다씨의 역문을 옮기는 과정에서 발생한 오류일 뿐이다.

최근에 샴소사이어티(The Siam Society)에서 나온 미카엘 스미티스(Michael Smithies)의 번역도, "it contains several hundred stone chambers."라고 해놓았다.(Zhou Daguan, *The Customs of Cambodia*, tr. by Michael Smithies[The Siam Society, Bangkok, 2001], p.20.) 그러나 어떠한 경우에도 석옥(石屋)은 석

실(石室)이나 "이시노 헤야"(石の部屋)로 해석될 여지가 없다. 이러한 오역때문에 주달관의 기술이 매우 부정확한 것처럼 보이며, 그 실제 모습을 목격하지 않고 관념적으로 묘사한 것처럼 오해를 불러일으킨다. "노반의 묘"라 해놓고, 마치 삼천궁녀들이 사는 거대한 하렘인듯한 인상을 주게 만드는 모순된 기술로 인식되는 것이다. 한문의 "옥"(屋)이라는 표현은 주로 지붕이나 집 전체를 의미하며 개별적인 방을 지칭하지는 않는다. 가옥(家屋), 옥우(屋宇), 옥개(屋蓋), 옥와(屋瓦), 옥상(屋上)이라는 합성어에서 읽어낼 수 있듯이 그것은 용마루로 이어진 집 전체와 관련된 말이다. 옥(屋)이라는 자형의 어원을 살펴보면 그것 자체가 시체가 누운 빈소라는 뜻이며 무덤의 의미가 있다.

"석옥수백간"(石屋數百間)이라는 말은 석실이 수백개라는 의미가 아니며, 돌로 만든 긴 지붕의 집, 즉 회랑이 수백칸에 이른다는 뜻이다. 여기서 "간"(間)이란 갯수를 의미하는 것이 아니라 기둥과 기둥을 보통 한 칸으로 계산하는, 집의 칸수를 세는 양사이다. "99칸 짜리 집"이라고 할 때의 "칸"이 곧 간(間)이다. 우리나라 서울의 종묘건물이나 일본 쿄오토오에 있는 산쥬

우산겐도오(三十三間堂)와 같은 건축양식을 생각하면 쉽게 연상이 될 것이지만, 그 칸수가 수백칸이나 된다는 것은, 종묘의 용마루가 수십배로 늘어난다는 것을 의미하며 그것은 매우 충격적인 장관을 함축적으로 기술한 것이다. 다시 말해서 주달관이 앙코르 와트를 보지 않은 것이 아니라, 그것이 묘라는 것, 그 성격을 확정지은 후에 그 건물에서 가장 특징적인 양식을 간결하게 기술한 것이다. 10리에 이르는 주위사곽으로 싸여 있는 방대한 건물이며 그 가장 특징적인 것은 바로 수백칸에 이르는 돌 회랑이라는 것이다. 앙코르 와트라는 건물에서 주달관의 주목을 끈 것은 메루의 5봉을 상징한 피라밋이 아니라 그 주변을 첩첩히 둘러싼 돌회랑이었던 것이다. 그곳에는 앙코르예술의 최고 정화라 할 수 있는 『마하바라타』, 『라마야나』, 우유바다 휘젓기 등의 부조벽화가 안치되어 있는 것이다. 주달관이 그 부조벽화까지 보았는지는 알 수 없으나, 그는 분명 나가 대가리가 치솟은 서쪽 입구에 서서 앙코르 와트를 바라보았던 것은 의심할 여지가 없다. 그리고 5봉의 피라밋보다 수백칸의 돌회랑을 그 건조물의 특징으로 인식한 그의 형안에 나는 무릎을 치지 않을 수 없다. 나에게도 앙코르 와트의 매력은 5봉에 있질 않았으며(그것은 이미 진부한 양식이다), 거대한 회랑과 그 부조

앙코르 와트 회랑 부조의 다이내믹한 모습들. 피카소의 게르니카를 연상시킨다.

벽화에 있었던 것이다.

내가 이러한 문제를 상술하는 뜻은 한문의 기술이 그 언어의 함축성 때문에 매우 두리뭉실하고 적당한 것처럼 보이지만 전문가적 안식에서 보면 매우 정확한 맥락적 해석이 가능하다는 것을 일깨우려 함이다. 크메르역사와 사회에 관한 중국인의 기술에 관하여 여태까지 중국학 전문가적인 해석의 메스가 가하여질 기회가 별로 없었다는 것을 상기시키는 것으로 앙코르 와트에 관한 나의 이야기를 마무리지으려 한다.

돌회랑의 부조이야기가 나온 김에 한마디를 덧붙이자면 앙코르 와트의 돌회랑 부조벽화는 서쪽회랑 중앙에서부터 시작하는데 왼쪽에서 오른쪽으로 진행된다. 이렇게 왼쪽에서 오른쪽으로 펼쳐지는 제식이나 벽화양식을 프라사뱌(prasavya)라고 하는데 이것은 음택(陰宅)의 양식이라는 것이다. 양택(陽宅)의 양식은 반드시 오른쪽에서 왼쪽으로 진행하게 되어있다. 이것을 프라다크쉬나(pradakshina)라고 한다. 앙코르 와트의 벽화가 프라다크쉬나가 아니라 프라사뱌의 양식을 취하고 있다는 것 자체가 이 건물이 거대한 무덤으로 지어진 것이 분명하다. 그것은 우리나라 고구려 고분벽화에서 볼 수 있는 것과도 같은 무덤벽화의 의미를 지니는 것이었다. 그것은 피카소의 『게르니카』와 같은 예술적 표현의 과시로 인지될 성질의 것도 아니며, 대중의 교육을 위하여 만들어진 벽화도 아니며, 순수한 건축장식의 한 요소도 아니다. 이 벽화회랑(Third Gallery)에는 대중의 접근이 금지되었다. 그렇다면 총길이 800m를 넘는(215×187m) 이 장쾌한 벽화조각은 무엇을 위하여 기능하는 것일까? "예술을 위한 예술"의 개념이 크메르인들에게 부재했다면, 분명한 목적적 기능이 있었을 것이다. 그것은 과연 무엇이었을까? 우리는 이 질문에 대하여 수없는 추측을 할 수 있겠지만, 확연한

수리야바르만 2세의 군사행렬도

하나의 사실은 이 무덤은 지상의 작은 한 현실이 아니었다는 것이다. 그 속의 모든 것들은 신들이 거주하는 천계(天界)로 변화되는 기능을 가지고 있었다는 것이다. 왕도 신이며, 그의 지상에서의 업적도 신화에 나오는 신들의 행적과 동일한 차원의 이야기로 승화됨으로써 신성과 영원성을 획득하게 되는 것이다. 앙코르 와트는 거대한 하나의 무덤이며 동시에 완벽한 조형미를 갖춘 천상의 판테온이었던 것이다.

수리야바르만 2세의 군사행렬도가 그토록 생략없이 정교하게 새겨져 있는 것도 천상에 정확히 보고되어야 하기 때문이었다. 앙코르 와트가 하나의 거대한 무덤이었다는 사실은 에집트의 피라밋이나, 진시황의 거대한 지하궁전이나, 인도의 타지마할이 모두 한 개인의 무덤에 불과한 건조물이라는 사실을 상기하면 쉽게 이해가 될 수 있을 것이다.

앙코르 와트에는 인간이 거주할 수 있는 석실이 존재하지 않는다. 수백칸 돌기둥의 회랑이 주요테마를 이루고 있을 뿐이다. 수백개의 석실이 있다는 번역은 오역임과 동시에 이 건물의 성격을 크게 왜곡시키는 것이다. 만약 앙코르 와트 엔클로저속에 인간이 거주했다면 지금 공터로서 남아있는 산림속에 목조건물이 있었을 것이다. 그러나 앙코르 와트의 조형적 특성을 살펴보면 그것 전체가 하나의 만달라(曼茶羅, maṇḍala)이며 신화적 관념의 구현체로 볼 수밖에 없기 때문에, 인간의 냄새가 물씬 풍기는 앙코르 톰과는 달리, 인간의 주거지는 거의 허용되지 않았다고 보아야 한다. 수리야바르만 2세의 시기에도 야소다라뿌라(도시)는 앙코르 와트와 일치하지 않았을 것이다. 프놈 바켕을 중심으로 하여 현재 앙코르 톰의 일부분을 포괄하는 지역에 왕궁과 민가가 펼쳐져 있었을 것이다. 주달관의 시

남문의 아이라바타

앙코르 톰 남문

대에는 이미 앙코르 와트는 왕궁이나 민가로부터는 소외된 하나의 거대한 무덤에 불과했던 것이다.

 나는 드디어 나가의 다리를 건넜다. 그리고 남쪽 고푸라, 승리의 대문(The Gate of Victory) 앞에 섰다. 대문 양쪽으로 세 대가리의 코끼리가 코를 연꽃에 파묻고 있는 모습은 매우 인상적이다. 이 삼두상(三頭象)은 아이라바타(Airavata)라고 불리운다. 그 위에 타고 있는 신은 물론 인드라(Indra)다. 이 아이라바타도 우유바다휘젓기에서 태어난 생물이며 그 과정에서 인드라신의 소유가 되었다는 신화를 생각해보면, 우유바다휘젓기를 상징하는 다리를 건너면 바로 아이라바타 코끼리가 버티고 서있는 광경도 쉽게 이해가 간다. 세 대가리의 아이라바타 모티프는 반테이 스레이사원의 프론톤 부조에도 아름다운 모습으로 등장하고 있다. 코끼리의 대가리를 셋으로 만든 것은 인도에서는 보기 힘들다. 크메르 예술가들의 창작으로 여겨진다. 베다시대의 인도에서는 인드라는, 희랍신화의 제우스처럼, 신중의 신으로서 지고한 권위를 지니고 있었지만 후대로 내려오면서 브라흐마·비슈누·시바 삼신의 권위에 밀려 잊혀졌다. 크메르신화속에서 인드라는 베다적 권위를 가지고 있지는 않다. 그러나

남문 고푸라

퍽으나 친근한 존재로서 자주 등장한다. 크메르인들에게 인드라는 비를 내려주는 농경의 신이었다. 인드라는 많은 신들의 하나로서 비와 관련된 기능을 지니고 있었던 것이다. 크메르인들의 신화적 상상속에서는 어떠한 한 신의 숭배가 타신의 배타를 수반하지 않는다. 인드라신은 거대한 관세음보살의 두상이 꼭대기에서 위엄을 발하고 있는 고푸라 남문 양 켠에서 세 대가리 코끼리를 타고 비를 몰면서 꿋꿋이 농경민들에게 희망을 선사하고 있었던 것이다.

아직도 아침 9시경이었다. 찬란한 아침햇살이 나가 다리와 남문고푸라의 벽면들을 주옥 구슬처럼 싱그럽게 때린다. 나는 신나게 사진을 찍었다. 그런데 남문을 통과하는데는 많은 시간이 걸려야했다. 앙코르 톰 안으로 일하러 들어갔던 트럭이 다시 남문을 빠져나오다가 그만 대문에 걸린 것이다. 크메르 루즈시대의 유물인듯한 군트럭의 폭이 남문을 왕래하기에는 너무 넓은 것이다. 그런데도 그들은 아랑곳 없이 들락거리다가

대문 양쪽의 돌출한 구조물에 걸린 것이다. 왼쪽으로, 오른쪽으로 빠꾸, 전진! 온갖 사람들이 달려붙어 훈수를 놓는데 점점 더 얽혀만 갔다. 결국 한 30분 후에 남문의 돌덩이들이 덜컹덜컹 깨져나가면서 자욱한 배기까스를 품어 내면서 트럭이 남문을 벗어났을 때 그들은 크메르를 해방시킨 독립군처럼 환호성을 질러댔다. 인류의 위대한 문화유산이 매일매일 이토록 터무니없는 부주의 속에 파괴되어가고 있는 것이다. 근본적으로 그곳을 드나들어서는 아니되는 트럭이었지만, 그러한 것들을 규제할 법도 상식도 관심도 없는 듯 했다.

남문에서 북쪽으로 반듯하게 뻗은 길을 1.5㎞정도 올라가면 바이욘사원(Bayon)이라는 거대한 돌더미, 희대의 걸작사원이 앗찔하게 눈앞을 가로막는다. 이 사원은 우선 수미산을 중앙에 놓고 엔클로저를 겹쳐가면서 정교하게 대칭적으로 배열된 시바사원의 모습과는 매우 딴 판이다. 이 사원은 명백하게 대승불교의 영향을 표방하고 있다. 그리고 이 사원은 매우 혼란스럽다. 이 사원은 거대한 얼굴이 사면으로 조각되어 있는 돌봉우리들의 어지러운 집합체이다. 그 봉우리는 앙코르 톰 남문의 신과 악마의 숫자인 54개로 되어 있었을 것이라고 추정한다.

바이욘 전경

그러나 실제로는 49개의 자리만 실측된다. 현재는 37개의 봉우리만 서있다. 한 봉우리에는 4면의 얼굴이 조각되어 있는 것이 원칙이지만 어떤 봉우리는 3면만 있기도 하고, 어떤 봉우리는 2면만 있는 것도 있다. 최중앙에 높이 솟아있는 세트랄 타우어는 매우 복잡한 구조를 지니고 있다. 여기에 있는 이 수많은 얼굴들은 제각기 다른 모습을 하고 있지만 하나의 어떤 심층구조를 공유하고 있다. 모두가 비슷비슷하게 보인다. 두툼한 입술, 뭉뚝한 코, 치켜올린 눈매, 튀져나온 넓찍한 이마, … 이 모든 모습에 공통된 것은 미소와 명상이다. 지나가는 어린 승려를 미소짓는 바이욘 석상앞에서 찍은 나의 사진을 보면 이 석상은

바이욘의 미소

픽션이 아니라 전형적인 크메르인의 현실적 모습을 이데아적으로 묘사하고 있다는 것을 알게 될 것이다. 그것은 관념이 아닌 실경인 것이다. 이 거대한 석상들의 장관을 놓고 논란이 많다. 어떤 이들은 이것이 관세음보살상이라고도 하고, 어떤 이들은 이 사원을 지은 자야바르만 7세의 현실적 얼굴이라고도 한다. 내가 생각키엔

바로 그 두 얼굴이 중첩되어있다고 보아야 할 것 같다. 우리나라의 석불들도 모두 부처님 얼굴이라고는 하지만 현실적인 한국인들의 얼굴이 겹쳐있는 것이다. 참족에 의하여 점령된 국가를, 독립군을 조직하여 참족을 물리치고 수복한 탁월한 용사요 전략가였던 자야바르만 7세는 수많은 인간들을 전장의 잿더미로 만들고 왕위에 올랐지만 그는 그의 이미지가 무서운 무인으로서보다는 자애로운 민중의 어버이로서, 세상의 고통에 귀를 기울이는 자비로운 관세음보살로서 기억되기를 원했던 것이다. 프놈펜 국립박물관에 보관되어있는 자야바르만 7세의 두상조각은 이러한 그의 갈망을 잘 묘사하고 있는 걸작품이다.(바로 이 캄보디아의 최고급 국보유적의 원품이 우리나라 서울역사박물관에 전시된 바 있다. 2004년 여름. 상권 19쪽 참고). 지긋이 내려 감은 명상의 눈매와 자비로운 미소를 머금은 입술의 선율은 일체의 권위로운 제왕의 장신구를 거부하고 있는 알몸의 청년의 모습이지만 더없이 기품있는 카리스마를 풍기고 있다. 크메르인들의 심상속에 있는 그는 한국인들에게 세종대왕이 지니고 있는 모든 덕성을 구유하고 있다해야 할 것이다. 바이욘에 새겨진 그의 얼굴은 나의 개인적인 느낌으로는 인도 뭄바이의 엘레판타 섬(Elephanta Island)의 석굴속에 통채로 조각되어 있는 거대한 마헤사무르띠(Mahesamurti, Triple-Headed Shiva)의 얼굴과 몹씨 유사하다고 느끼었다.(마헤사무르띠에 관해서는 나의 책, 『달라이라마와 도올의 만남』[서울: 통나무, 2002], 제3권, 610~611쪽을 참고할 것.) 아마도 이 바이욘의 석상은 엘레판타의 마헤사무르띠와 프놈펜 박물관의 현실두상이 오버랩되어 있다고 보면, 대강 이 예술품의 역사적 진화과정이 우리의 상상속에 떠오를 수 있지 않을까 생각된다.

바이욘 사원의 모습은 우리가 상상하는 크메르유적의 경이에 가장 가깝게 온다고 나는 말하고 싶다. 비록 복잡한 설계에

서투른 시공, 그리고 단기간의 서두른 건축과정으로 훼손이 극심하지만, 거대하기만 하고 단조로운 앙코르 와트에 비하면 나에겐 바이욘 사원이야말로 가장 매혹적인 혼돈이었다. 내가 갔을 때 공교롭게도 내 머리위로 상서로운 무지개가 돌무더기를 휘덮고 있었다. 나는 그 경이로운 장면을 카메라에 담으
려고 애썼지만 나의 심미감을 엄습하는 장엄한 대자연의 화양과 상상하기조차 어려운 시카라 돌무덤의 교감의 심포니는 도저히 유리 렌즈에 포착될 수가 없었다.

그런데 정작 바이욘을 위대하게 만드는 것은 자야바르만 7세의 두상이 아니라, 사방 600m에 이르는 외부 회랑(outer gallery)을 장식하고 있는 장대한 석벽부조였다. 이 석벽부조가 우리의 감동을 자아내는 가장 결정적인 사실은 이것이 인도나

고승들의 방

크메르의 신화를 주제로 한 것이 아니라 그들이 체험한 생생한 역사적 사실과 아주 비근한 평소의 민중의 삶을 기록하려 했다는 것이다. 물론 앙코르 와트의 남쪽 갤러리 서쪽섹션에 94m에 달하는 수리야바르만 2세의 군사행렬이 조각되어있는 것은 그 선구라해야할 것이다. 역사적 인물을 신화적 세계속에 병치하여 그 생생한 모습을 전하려 했던 것은 크메르 예술가들의 창안이다. 비록 왕이라 할지라도 역사적으로 존재했던 살아있는 인간을 신화의 세계를 구현한 성전속에 조각한 것은 앙코르 와트를 효시로 하는 것이다. 그 전통이 80년 후에 바이욘사원으로 면면히 이어져 내려오게 된 것이다. 바이욘사원은 그 사원을 지은 위대한 성군 자야바르만 7세가 참족의 침탈로부터 크메르제국을 구원하고 재건한 그 전쟁의 역사를 기록하려했다. 바이욘 석벽화의 주제를 한마디로 표현하자면 그것은 "전

바이욘 벽면 문양

쟁과 평화"였다. 전쟁은 평화를 배경으로 하지 않으면 이루어질 수 없다. 전쟁은 평화의 축적으로만 가능해진다. 그러나 또다시 전쟁으로써만 평화는 보장된다. 전쟁은 평화라는 목적을 얻기위해서 존재하는 것이다. 인류의 역사는 전쟁과 평화의 역사라해도 과언이 아닐 것이다. 바이욘의 벽화는 이러한 주제를 매우 리얼하게 그리고 처절하게 우리에게 전달해준다. 이 벽화는 러시아의 대문호 톨스토이의 『전쟁과 평화』를 읽는 감동보다 더 강렬한 멧세지를 우리에게 직접적으로 전달해 줄 수도 있다. 그것을 바라보는 인간의 심미안적 깊이에 따라. 많은 사람들이 이 바이욘의 벽화부조를 앙코르 와트의 벽화에 비해 조잡한 것으로 평가하지만 나는 그렇게 생각하지 않는다. 앙코르 와트의 벽화는 너무 완벽하고 너무 양식적이다. 바이욘의 벽화는 어설프고 거칠지만 생동하며 비양식적인 만큼 리얼

참족들을 박살내고 있는 크메르의 용사들

하다. 그리고 혼란스러운 만큼 해석의 여지를 많이 남긴다. 그리고 신화적 내음새가 철저히 배제되어 있다. 민중의 역사적 삶을 통하여 그들의 신화를 창출하려했던 것이다. 프리다의 남편이자 세계적인 벽화가였던 디에고 리베라(Diego Rivera, 1886~1957)가 멕시코의 궁벽을 장식했던 그 모든 시도들의 프로토타잎을 우리는 여기서 발견한다. 그런데 이것은 프레스코 아닌 돌조각이다.

전장에 나아가는 군사들의 행렬이 장엄하게 시작된다. 그러나 이 행렬이나 전투가 어느 일정한 한 시점의 사건을 기록한 것으로 보기는 어렵다. 그리고 참가한 군사들도 여러 다양한 부족으로 이루어져 있다. 적인 참족조차도 단일한 한 국가의 군대가 아니라 참파지역에 존재했던 여러 왕국의 다양한 군대로 간주된다. 참족군대와 크메르군대는 우선 복장으로 구분된다. 참족은 금속투구를 썼지만 크메르족은 투구나 갑옷이 없이 훈도시만을 차고 방패를 들고 있다. 민둥머리에 귀가 크다. 그림은 윗단과 아랫단의 중층적 구조로 전개되지만 때로는 3단, 4단까지도 나타난다. 그리고 이들의 관계는 입체적이다. 직접적 관계가 없을 때도 있지만 대강 관련이 있다. 아랫단이 전경을 형성하고 윗단이 후경을 형성할 때도 있다. 그러나 한 단내에서의 전개구도는 반드시 연속적이거나 인과적이지는 않다. 그 어지러운 불연속성이 오히려 이 벽화의 매력이다. 그리고 중요한 인물들은 범인들보다

4단 구조

크게 그려져 있다. 조각의 사이즈로서 위계를 나타내려했다. 그것은 고구려벽화에서도 마찬가지다.

 전쟁씬은 민중들의 일상적 삶의 이야기와 중첩되거나 중간중간에 끼워져 있다. 동쪽회랑 남쪽섹션에는 전장에 나가는 남편에게 거북이를 건네주는 한 여인의 애처로운 모습이 눈에 띈다. 남편은 그 애절한 여인을 뒤돌아 보며 우악스럽게 거북이 목을 쥐고 있다. 거북이가 좋은 음식의 소재였을 수도 있지만

보약과 같은 어떤 특별한 의미를 지녔을 수도 있다. 혹은 갑옷이 없는 크메르 군사들에게는 딱딱한 갑(甲)을 지닌 거북이가 어떤 생명보호의 역할을 의

미하는 부적일 수도 있다. 이중섭이 그린 마차를 타고 떠나가는 일가족의 모습, 그리고 물가에서 뛰노는 아이들의 엉킨 모습, 그 원형을 우리는 이 크메르의 석벽에서 무수히 발견할 수 있다. 16폭의 바퀴가 달린 수레의 모습은 지금 현재 씨엠립의 시중에서도 그 동일한 형태를 쉽게 발견할 수 있다. 물건을 사

지금도 볼수 있는 16폭의 수레, 아이를 무등 태운 아버지와 엄마

입김으로 불씨를 살리며 밥을 짓고 있는 사람

전장으로 데리고 가는 군량 멧돼지

당시 서민들의 가옥구조를 알 수 있는 벽화

아이들의 머리 서캐를 잡아주고 있는 엄마. 멜빵지게 지고 가는 사람들

애기 낳는 여자가 드러누워 있다. 동네여인이 머리를 무릎에 누이고 있고 머리띠를 맨 산파(무녀)가 가랭이 앞에서 애기를 받고 있다. 가옥구조도 알 수 있다. 부잣집인 듯.

시장에서 유방 드러낸 크메르여인의 손을 잡으며 희롱하는 이방의 중국상인들

멧돼지 싸움에 흥을 돋우고 있는 크메르 인들

식생활 전체를 보여주는 벽화. 오른쪽에서부터: 꼬치구이, 끓는 물에 돼지 삶기, 찜통, 맷돌, 조리, 음식 운반. 남자들이 주류를 이루는 것을 보아 식당인 듯하다.

공병들의 모습

허리에 애를 걸치고 머리에 광주리를 인 엄마

고파는 시장의 갖가지 모습, 서당과 같은 학교의 모습, 뒤에서 조는 아이, 월사금으로 닭을 내고있는 모습, 수레바퀴 밑에서 불피우며 음식을 짓고 있는 모습, 서캐로 덮인 아이의 머리에서 이를 잡아주고있는 엄마의 자상한 모습, 닭싸움을 시작하려고 웅크리고 닭머리를 맞대고 있는 심각한 모습, 그 닭싸움을 훈수두고 있는 중국인, 중국인들의 요리모습 등등……. 헤아릴 수도 없는 다양한 인간들의 삶의 모습이 적나라하게 그려지고 있다. 군대에서도 민간에서도 중국인의 모습이 상당히 등장하고 있는 것으로 보아 주달관이 이곳을 방문했을 때는 상당한 규모의 차이나타운이나 중국인 주거집단이 형성되어 있었다는 것을 헤아리게 만든다. 이 방대한 외부회랑 말고도 바이욘사원에는 80m×70m에 이르는 내부회랑이 있다. 이 내부회랑에는 『라마야나』와 『마하바라타』의 신화적 모티프가 새겨져 있는데, 이것은 자야바르만 7세가 만든 것이 아니라 후대에 바이욘 사원의 불교적 성격을 거부한 자야바르만 8세의 작품으로 간주되고 있는데 그 조각이 조잡하고 성격이 불투명한 것이 많다.

바이욘사원을 벗어나 북쪽으로 올라가면 11세기 중엽 우다야디탸바르만 2세(Udayadityavarman)의 야소다라뿌라 국가신전이었던 거대한 바푸온(Bapuon)사원이라는 돌더미를 만나게 된다.

주달관은 다음과 같이 썼다.

> 금탑에서 북쪽으로 이르는 1리 정도의 거리에 동탑 1좌가 있다. 그것은 금탑에 비해 더욱 높다. 바라보면 울창한 모습이 압도적이다. 그 아래에는 또한 돌회랑 십수 칸이 있다.
>
> 金塔至北可一里許, 有銅塔一座。比金塔更高, 望之鬱然, 其下亦有石屋十數間。

여기서 말하고 있는 금탑(金塔)은 바이욘사원의 중앙탑을 가

보수중인 바푸온 사원

리키는 것이다. 바이욘 사원의 중앙탑 꼭대기가 주달관의 시대에는 금니(金泥)로 개금되어 있었을 가능성이 높다. 그래서 찬란한 위용을 발했을 것이다. 여기 동탑이라고 하는 것은 바로 바푸온사원의 중앙탑을 말하는 것이다. 주달관의 기록에 의하면 바푸온의 중앙탑이 바이욘의 중앙탑보다 더 높았다는 것이고 따라서 그 울창한 돌더미의 느낌이 더 거대했다는 것이다. 실제로 바푸온이 바이욘보다 더 거대하다.

바푸온의 중앙지성소(central sanctuary)는 지금 아무것도 남아있지 않다. 어떤 학자(Commaille)는 그 지성소가 해체되어 다른 건조물의 재료로 쓰였을 것이라 하고, 어떤 학자(Parmentier)는 그것은 50m 높이의 목조였다고 주장한다. 나는 후자의 학설이 보다 설득력이 있다고 생각한다. 목조의 꼭대기에 동으로 만든 탑이 이글거렸을 것이다. 이 주달관의 기록을 해독하는 데 있어서 동·서의 모든 학자들이 "그 아래에 석실이 수십 개 있다"라고 번역하고 있으나 그것은 매우 잘못된 것이다. 5단의 피라밋 구조 속에 석실이 있는 것은 아니다. 이 바푸온사원도 예외없이 고푸라를 연결하는 회랑들로 둘러쳐져 있다. "석옥"(石屋)은 석실(石室)이 아닌 돌지붕의 갤러리인 것이다. 4중의 엔클로저가 있는데, 최외곽의 돌담은 425m×125m

에 이른다. 최외곽의 동쪽 중앙 고푸라로부터 제3의 엔클로저에 이르는, 200m나 되는 코즈웨이(신도)는 3열의 돌기둥이 교각역할을 하는 고가로 되어있는데 크메르 건축양식에 있어서도 매우 희귀한 것이며, 그 소담한 모습이 매우 아름답다. 나의 일행중에 제자 자눌(子訥) 한가족이 참여했는데 자눌의 아들 다님이 그 신도를 걸어가는 모습이 너무 귀여워서 카메라에 담아보았다. 자눌이 딸을 낳았을 때 내가 "하님"이라 이름 지어주고, 아

들을 낳았을 때 "다님"이라 이름 지어주었는데, 벌써 나와 여행을 다닐 정도로 건장하게 되었다. 나의 아들, 일중이가 다님처럼 걸어다닌 것이 엊그제 같은데, 세월은 참으로 빨리 지나가 버린다. 아이들이 국민학교 다닐 때쯤, 한 부부의 생애는 가장 로만틱한 것 같다.

프랑스극동학원(EFEO)은 이 바푸온사원의 역사적 가치를 귀하게 여기고 복원에 힘썼다. 미화 1,000만 불 상당의 막대한

거금을 투입하여 돌더미를 해체하고 다시 맞추는 작업을 진행하였다. 그러나 인도차이나 전쟁이 심화되면서 1972년에는 이 작업을 포기하고 떠나는 수밖에 없었다. 그런데 더욱 불행한 사실은 이 해체된 돌조각에는 정교한 설계도에 따라 위치를 알 수 있게 하는 번호가 매겨져 있었는데, 크메르 루즈 정권이 들어서는 1975년에 그 설계도를 포함한 모든 공문서가 사라져버렸다. 그리고 해체된 돌도 엉망으로 다시 흩어져버렸다. 이 비극적 역사의 가슴아픈 상흔에도 불구하고 에페오는 복원작업을 서두르고 있다. 2004년에 완성예정이었으나 완공은 몇 년을 더 기다려야 할 것 같다. 돌조각을 다시 맞추는 작업은 이제 퍼즐놀이가 되어버린 것이다.

피메아나카스 남면

바푸온의 최외곽 북벽, 다 쓰러져가는 거대한 돌담 아래 4각으로 뚫린 소문을 지나가면 피메아나카스(Phimeanakas)라는 또 하나의 충격적인, 천상의 궁전(Celestial Palace)을 만나게 된다.

우리가 여행한 6월말의 날씨는 이글이글 작열하는 불가마 속과도 같이 후끈거렸다. 피메아나카스에 오르기 전에 우리 일행의 눈길은 그 앞 이앵나무 밑에서 야자를 팔고있는 행상에게 쏠릴 수밖에 없었다. 열대지방에서 여행할 때 야자열매 속에 들어있는 물을 쪽 빨아먹는 기분은 천상의 감로수를 들이키는 기분이다. 신선한 야자를 칼로 찍어 그 자리에서 들이키면 대체로 배탈이 없다. 그런데 이곳의 야자를 파는 사람들은 야자를 시원하게 만들기 위해 껍데기에 흠집을 많이 내서 물 속에 담그어놓았던 것 같다. 들이킬 때는 시원하게 마셨지만 내내 뱃속이 좋질 않았다.

피메아나카스는 규모는 크지 않지만 매우 유니크한 성격이 있다. 이곳은 오로지 왕이 제사지내기 위한 순수한 제단으로서 만들어진 것이다. 이 3단의 피라밋은, 시간과 공간을 달리하는 전혀 상호교섭이 없었던 이질적인 문명이었지만, 마야문명 유적군에서 발견되는 피라밋 제단과 너무도 흡사하다. 4방으로 나있는 가파른 계단과 그 꼭대기에 지어져있는 신전, 그 양자의 디프 스트럭쳐에는 놀라운 공통점이 있다. 피메아나카스를 보는 순간 나는 멕시코 유카탄반도의 치첸잇차에서 본 피라밋, 엘 카스틸로(El Castillo)를 연상했다.

엘 카스틸로는 9단으로 되어있지만, 피메아나카스는 3단으로 되어있다. 가파른 계단 양옆으로 각단마다 돌출된 받침대 위에는 후리미끈하게 고개를 쳐든 늠름한 사자들이 지키고 있다. 그러니까 한 계단에 6개의 사자가 있다. 그리고 각단의 코너에는 코끼리가 코를 늘어뜨리고 있다. 그런데 코끼리가 사자보다도 작게 조각되어 있다. 계단은 매우 가파르다. 서편계단이 약간 완만한데 왕도 이 서편계단을 이용했다고 한다. 이런 계단을 밤에 성장을 하고 오르내리려면 여간한 담력과 몸의 균형감각이 없으면 불가능했을 것이다. 마야의 계단은 더 가파르다. 그러니까 더 비인간적이다. 마야의 계단에서 굴러떨어져 죽은 왕도 적지 않았을 것이다. 마야인들은 그렇게 왕의 체력을 가늠질했다.

이 계단을 올라가면 매우 소담하고 아름다운 쿼드랭글(4각)

가파른 계단. 이 계단이 가장 가파르지 않다는 서쪽 계단이다.

의 회랑이 나타난다. 그 중앙에 지
성소(central sanctuary)가 자리잡고
있다. 이 지성소는 원래 금탑으로
장식되어 있었다. 그런데 이 지성

소에 관해서는 다음과 같은 생생한 이야기를 주달관이 전하고
있다.

> 궁궐의 한가운데는 금탑(피메아나카스)이 있다. 국왕은 밤이 되면
> 이 금탑 아래 지성소 위에 드러눕는다. 지역사람들이 모두 나에게
> 다음과 같은 이야기를 전해주었다.
>
> 탑 속에는 머리가 아홉 개 달린 뱀의 정령이 살고 있는데, 그는 이
> 나라의 토지의 주인이다. 이 정령은 매일밤 여자의 몸으로 변하여
> 나타난다. 국왕은 먼저 이 여인과 동침하여 섹스를 해야한다. 이 시
> 각에는 국왕의 부인이라도 감히 들어올 수가 없다. 두 번 북이 울리
> 면(약 4시간이 지나면) 국왕은 이곳에서 나와 비로소 처첩과 함께
> 잠을 잘 수 있다. 만약 이 정령이 하룻밤이라도 나타나지 않으면 해
> 당 국왕은 죽음의 때에 이르게 된다. 만약 국왕이 하룻밤이라도 이
> 성소에 가지 않으면 반드시 재앙을 얻게된다.
>
> 其內中金塔, 國主夜則臥其上。土人皆謂。塔之中有

九頭蛇精, 乃一國之土地主也。係女身每夜則見, 國
主則先與之同寢交媾。雖其妻亦不敢入。二鼓乃出,
方可與妻妾同睡。若此精一夜不見, 則番王死期至矣。
若番王一夜不往, 則必獲災禍。

이곳이 바로 국왕이 용녀와 교구하는 곳이다. 피메아나카스의 최정상.

이러한 이야기는 매우 황당하게 들리지만 신화적 세계 속에서 살고있는 인간들의 믿음의 체계를 우리에게 진실되게 전하고 있다. 평생 하루도 빠지지 않고 새벽기도를 나가는 독실한 기독교인의 행태와 매일 밤 하루도 빠지지 않고 용녀(龍女)와 섹스의 제식을 거행하는 크메르왕의 신화세계는 구조적으로 동일한 것이다. 여인으로 변한 용왕(뱀신 나가)과의 섹스(交媾)는 크메르제국의 건국신화인 인도 브라만 카운디냐(Kaundinya)와 나가라자 딸 소마(Soma)와의 결합을 상징적으로 계승하는 어떤 제식이었을 것이다.

국왕은 매일 밤 홀로 고적한 그곳에 올라 4시간 동안 무엇을

피메아나카스 정상의 회랑

했을까? 정말 뱀의 여신이 매일 밤 아리따운 처녀의 모습으로 나타났을까? 주달관은 "동침"(同寢)이라는 표현외로 "교구"(交媾), 즉 구체적 성교에 해당되는 말을 선택해서 쓰고 있다. 왕은 매일 밤 여신과 섹스를 했을까? 아니면 매일 밤 홀로 환각 속에서 플레이쳤을까? 참으로 알 수 없는 일이다! 그러나 한가지 확실한 사실은 왕이 그곳에서 매일 홀로 느꼈던 고독의 시간, 그 영감의 제식을, "나가여신과의 섹스"라는 행위로서 주변사람들을 신앙케 만들었다는 사실이다. 토지의 신인 용왕의 정령과의 교구가 없이는 부인에게서 얻은 자식들은 그 신성함의 권위를 획득할 길이 없었을 것이다. 하루라도 용왕의 정령과의 교구가 단절되면 그것은 죽음이었다. 그것은 공포였다. 모든 신화는 이렇게 타부와 공포를

왕이 용녀와 동침한 곳에서 바라보이는 밀림. 매우 고독한 밤이었을 것이다.

수반하고 있다. 신화적 세계는 인간에게 고매한 이상을 부여하기도 하지만 한없는 공포의 전율과 신성의 속박을 제공한다. 그것은 헤어날 수 없는 무지요 미신이었다.

 마야의 피라밋 꼭대기 지성소에서는 무슨 일이 일어났을까? 그 가파른 언덕을 왕관과 목걸이, 팔찌, 성대한 복장을 하고 왕과 왕비가 올라간다. 왕과 왕비는 컴컴한 지성소에서 끔찍한 제식을 행하였다. 왕은 왕비의 혓바닥을 송곳으로 뚫는다. 이때 이미 왕비는 마약으로 환각의 상태에 있었을 것이다. 뚫린 혓바닥으로 기다란 가시돋힌 새끼줄을 통과시킨다. 이 가시돋힌 새끼줄이 통과하는 동안 그 새끼줄을 타고 뚝뚝 떨어지는 피를 사발에 담는데, 그 사발에는 파피루스와 같은 나무종이가 담겨져 있다. 나무종이가 피로 흥건하게 적셔지면, 그 종이를 꺼내어 성소의 한가운데 엄숙하게 모셔놓고 불을 지피게 된다. 그 피가 타오르는 연기는 거므스레한 허공에 기묘한 푸르슴한 문양을 그리게 될 것이다. 마야인들은 이 연기의 문양을 그들이 믿는 거대한 우주적 뱀(Vision Serpent)의 강림이라고 믿었다. 그 순간, 왕후는 자연적 세계와 초자연적 세계를 드나들 수 있게되며 지상에서 벌어지고 있는 일들에 관하여 신들의 충고와 도움을 얻을 수 있다고 생각했던 것이다.

마야의 약실란(Yaxchilán)황제와 쇼크(Xoc)황후. 황후의 혓바닥을 가시돋힌 새끼줄이 통과하고 있다.

하여튼 옛날에도 왕노릇한다는 것이 사치와 방종의 권력만을 행사했던 것은 아니다. 왕의 왕됨에는 분명 그 세계를 지배하는 신화구조에 의하여 마땅한 노블레스 오블리제(noblesse oblige)가 주어져 있었던 것이다. 그런데 이러한 마야인들의 제식에 비하면 주달관이 기록한 "교구의 제식"은 훨씬 더 인간적이다. 뱀과의 교구(섹스)신화는 이미 헤로도토스가 묘사하고 있는 스키타이문명의 건국설화에서 발견된다. 헤라클레스는 스키타이지방(Scythia, 흑해북부지방)을 여행하다가 잃어버린

| 왕궁 정문 | 정문 내부 |

암말을 찾으러 어느 동굴로 들어가는 모험을 감행케 된다. 헤라클레스는 그곳에서 반은 여인이고 반은 뱀인 에키드나(Echidna)를 만나, 세 아들을 낳는다. 그는 떠나면서 활과 허리띠를 주면서, 나중에 장성하여 이 허리띠를 차고 이 활을 당길 수 있는 자가 이곳의 지배자가 될 것이라고 예언한다. 결국 세 아들 중의 하나인 스키테스(Scythes)가 환난을 극복하고 그 예언을 성취하여 엄마가 지배하던 지역의 왕이 되었다.

이러한 신화는 인도의 남부를 지배했던 팔라바왕조(The Pallavas)의 건국신화에서도 발견된다. 그러니까 스키타이-이란-팔라바-인도차이나에 이르는 광대한 문화지역에서 우리는 공통된 나가신화(Naga Legend)를 발견하게 되는 것이다. 분명히 어떤 문화적 흐름의 벨트를 상정할 수 있겠지만, 마야문명까지 생각을 한다면, 그 원류는 인간의 상상력의 본원적 공통점, 인간의 보편적 심층의식 속에서 찾아야 할른지도 모른다.

문설주 산스크리트 명문

피메아나카스는 라젠드라바르만 2세 때 착수되었다가, 반테이 스레이가 지어진 자야바르만 5세 때 그 일부가 지어졌고 수리야바르만 1세 때 그 중앙신전 금탑까지 완성되었다. 피메아나카스는 앙코르 톰의 전체 플랜에서 보면 중앙의 위치에 있다. 피메아나카스에서 동쪽으로 걸어나가면 엘레판트 테라스(Elephant Terrace)라고 하는 거대한 광장이 나온다. 그 테라스로 나오기 전에 화려한 왕궁의 정문을 지나게 되는데 그곳에는 매우 정교한 산스크리트 명문이 새겨져 있다: "적의 왕의 머리에서 화려하게 빛나는 보석의 빛으로 인하여 이 위대한 왕의 발톱이 빛났다." 에두르는 레토릭의 과장된 기교는 예나 지금이나 동일하다. 이 정문을 지나오면 예상치 못하게 갑자기 확 터지는 광대한 공간이 우리를 아연케 만드는데, 그 규모가 주는 느낌은 과거의 여의도광장이나 미국의 수도 와싱톤의 링컨메모리알 앞광장의 광활한 모습보다도 더 압도적인 위용을 과시한다. 남북으로 300m나 뻐친 사열대(테라스) 돌벽이 거대한

광활한 엘레판트 테라스. 제국의 사열대의 위용.

코끼리들로 조각되어있기 때문에 우리가 엘레판트 테라스라고 부르고 있는 것이다. 가루다와 사자도 번갈아 테라스를 떠받치고 있다. 앙코르 톰이 앙코르 와트보다 더 우리에게 충격을 주는 것은 바로 이러한 성시의 다양한 공간기능이 살아 숨쉬고 있기 때문이다. 그 충격은 독자들 스스로 체험해보지 않고서는 나의 언설로써는 전달키 어려울 것 같다. 그 제도(帝都)의 위엄은 코끼리 테라스에서 극에 달하고 있다. 천안문광장보다도 더 드넓은 느낌을 주는 이 공간을 메웠을 사열의 장관을 상상해보면 크메르제국의 하부구조의 견실함을 연상치 않을 수 없다. "어마어마하다"는 이 한마디보다 더 할 말이 없었다.

나가난간의 사열대를 떠받치고 있는 가루다들

사자와 가루다가 번갈아 조각되어 있다

계단 옆으로 코끼리가 보인다

코끼리

가루다

코끼리 행렬 사열의 실제모습 이었을 것이다

테라스로부터 광장의 맞은편에는 12개의 타우어가 있는데, 주달관의 기록에 의하면 이 타우어는 쟁송을 다루는 곳이라 한다. 분쟁이 생기면 분쟁의 당사자들을 그 옥탑에 며칠을 가두어 버린다. 그래서 쓰러지거나 부스럼이 나거나 하는 쪽이 죄인이 되는 것이다. 사람이 죄를 가리지 않고 하늘이 죄를 가린다 하여 "천옥"(天獄)이라 일컫는다 했다. 그리고 도둑놈도 혐의자들을 붙잡아 기름이 끓는 냄비에 손을 넣게하여 손이 헐지 않으면 무죄고, 벗겨지거나 문드러지면 도둑놈이 되는 것이다. 참 무지막지한 판결이지만 당시 크메르인들에게는 공평한

의 12탑

신의 판결로서 원한없이 받아들였던 모양이다. 평소 일을 많이 해서 손이 거칠거나 굳은 살이 박힌 성실한 사람은 아무래도 덜 데일 터이니깐 좀 유리했을 것이다.

12시반경 엘레판트 테라스에서 바로 뻐스를 타고 우리는 다시 앙코르 톰 남문을 빠져나와 다시 씨엠립으로 내려갔다. 가

천옥의 탑. 죄인들의 신음소리가 들리는 듯하다.

는 도중, 평범한 수상가옥촌의 이모저모를 카메라에 담았다. 원두막같이 물 위에 떠있는 가옥의 모습은 바이욘사원의 벽화에서 목격되는 모습에서 거의 진화된 것이 없다. 오늘날 캄보디아 민중의 삶과 크메르제국시대의 민중의 삶에는 놀라운 연속성이 있다. 평온하게 살고있는 사람들에게 카메라를 들이댄다는 것은 참으로 미안한 일이지만, 아직 그들은 외부인들의 무례한 행동에 대해 관용성이 높다. 그리고 꼬마들은 서슴치않고 포즈를 취해준다.

씨엠립의 흔한 가옥들

카메라 앞에서 웃는 아이

이 얼굴에서 태고의 정겨운 흙냄새를 읽는다

우리가 묵고있는 압사라앙코르호텔을 지나 프레아칸호텔 앞쯤에 당도했을 때 나는 재미

소모는 동네아이들

장례행렬

있는 장례행렬을 만났다. 제일 앞에 화환 속에 있는 망자의 영정이 지나가고 그 뒤에 스님이 앉은 가마가 뒤따른다. 나이가 든 여스님인 듯한데 내가 사진을 찍으니 부채로 얼굴을 가린다. 그 뒤로 큰 상여가 지나가는데 상여 위에는 몇 명의 스님이 관을 지키고 있다. 큰 배가 떠나가는 듯한 상여였다. 그런데 장례행렬에는 중국의 옛 풍습에서 흔히 볼

얼굴을 가리는 비구니 스님

수 있는 시끌저끌한 악대는 따라붙지 않았다. 그러나 교복을 입은 중학생들이 잔뜩 따라가고 있었다. 웬일인가 그 영문을 물었다. 장례행렬이 나가는데 사람이 없어 썰렁하면 보기가 좋지 않으니까 대개 어느 학교에 부탁하면 한 학급의 학생들을 동원해준다고 한다. 그러면 대신 참가한 학생들에게 학용품같은 것을 사주어 보답을 한다고 한다. 그만큼 캄보디아의 학교생활은 시간이 많고 여유롭다고 했다.

상여

학생들

오후 1시 20분, 우리는 어느 한국음식점엘 갔다. 음식은 오랜만에 먹으니까 그런대로 구미를 댕겼다. 후식으로 인스탄트 커피 한 봉지 털어넣는데 미화 1불을 달라고 했다. 그것 좀 써비스할 수 없냐고 했더니 주인이 "더운 나라에 와서 고생하는 사람, 도와주고 가셔야죠?"하고 퉁명스럽게 대답한다.

"허어! 세상인심이 그렇게 각박하게 오가는 것만은 아니지 않소? 도올 한번 기분좋게 대접하면 1불보다는 더 갈 텐데…"

아랑곳하지 않는다. 주인의 냉소를 뒤로 한 채, 우리는 그 앞에 있는 서사장의 세코(SEKO)로 갔다. 우리 일행은 세코에서 냉커피와 상황버섯차를 마셨다. 아까 마신 야자물 때문에 설사가 나왔다. 아예 설사를 시원하게 하고 나니까 후중끼가 사라져 다행이었다. 보통 앙코르 여행에서는 낮잠시간이 있게 마련이지만 우리는 제한된 시간에 많은 것을 보아야 했고, 또 보통 여행객과는 달리 세밀한 리서치를 해야했고 책에 쓸 사진을 찍어야 했기 때문에 쉴 시간이 없었다. 참으로 고단한 여로였다.

다음의 여정은 앙코르 톰의 강 건너 동쪽에 있는 타 프롬(Ta Prohm)이었다. 타 프롬은 바이욘사원의 주인공인 자야바르만 7세가 왕위에 오른지 5년만에 자기 엄마에게 봉헌한 사원이다(1186).

타 프롬의 최외곽 제5고푸라

이앵나무

제일 먼저 들어가는 입구의 관세음보살의 거대한 얼굴을 얹은 고푸라(제5 엔클로저의 고푸라)에서 이미 바이욘사원의 내음새를 느낄 수 있다. 학자들은 그 건축양식을 불교 모티프의 바이욘스타일로 분류하고 있지만, 이 타 프롬사원은 바이욘과는 매우 다르다. 원래의 이름이 "라자비하라"(Rajavihara)라는 사실에서도 알 수 있듯이 이것은 순수하게 왕실의 수도원(royal monastery)과도 같은 곳이다. 그 최외곽의 담은 동서 1km, 남북 650m나 된다. 지금은 그 지역이 밀림으로 덮혀있지만 과거에는 이 수도원 역내가 거대한 도시의 모습을 하고 있었다. 명문에 의하면 이 역내에만 12,640명이 살고 있었다고 한다. 제5 고푸라에서 제4 고푸라까지 약 500m에 이르는 기나긴 숲길이 뻗쳐있다. 양옆으로 죽죽 반듯하게 하늘로 치솟은 나무들이 있는데 이것을 이앵나무라 한다. 때로 이 이앵나무의 밑둥거리에는 여성 성기 모양의 상처들이 있는데 지금은 세멘트로 땜질되어 있다. 우리나라 봄철에 고로쇠나무들이 시련을 겪듯이 이
나무들은 수지를 받아내는데 쓰인다. 이앵나무의 수지는 가정에서 호롱불로 가장 많이 쓰인다고 한다.

우리 일행이 중간쯤였을 때 갑자기 숲속에서 "아리랑"의 가락이 울려퍼졌다. 그런데 매우 훌륭한 연주였다. 캄보디아의 애조를 띤 악기에서 울려퍼지는 소리의 화음은 묘한 향수를 자아냈다. 중간 길옆에서 거리 악사들이 앉아있는데 멀리서
관광가이드의 옷만 보면 한국인이라는 것을 아는 것이다. 그러면 "아리랑"을 연주하는 것이다. 해금 스타일의 악기가 3명, 양금이 1명, 철현금이 1명, 손 북이 1명, 작은 종 1명, 총 7명으로 구성되어 있는데, 그 앞에 "지뢰의 희생자들"(Victims of

Landmines)이라는 팻말을 놓고 있다. 그러니까 일종의 상이용사 악단인 셈이다. 우리 일행 중에 자홍(子灯)이 너무도 그 아리랑 가락에 감격하여 덜컥 미화 10불을 주고 말았다.

 우리가 여행할 때 조심할 일이 있다. "10불"은 만여원 되니까 큰 돈이 아니라고 생각할 수도 있다. 그러나 그들에게는 한 달의 생계를 좌우할 수도 있는 큰 돈이다. 분명 그 거리악사들은 횡재를 만난 것이다. 그러나 이러한 횡재는 그들의 삶을 돕는 것이 아니라 황폐하게 만든다. 그들은 그들 나름대로의 정당한 삶을 살아야한다. 그들의 노래가락연주에 보답을 하고 싶

타 프롬의 제4고푸라에서 제3고푸라로 가는 신도

다면 그들의 노력에 상응하는 댓가를 지불해야 한다. "1불"이래도 감지덕지해야 하는 그들에게 10불을 덜컥 주면 그들은 다음에는 100불을 기대하게 될 것이다. 그리고 아리랑을 연주할 때마다, 한국인을 쳐다볼 때마다, 봉 빼먹을 생각만 하게 될 것이다. 순결한 동정은 반드시 정당한 맥락을 가져야 한다. 자홍의 동정은 일종의 가진자의 오만일 수도 있다. 이방인의 행위가 그들의 토착적 삶의 맥락을 파괴해서는 아니된다. 나는 자홍을 심하게 나무랬다. 서사장이 말했다.

타 프롬의 데바타

"저 사람들은 이제 곧 보따리 싸고 사라질 것입니다. 오늘은 더 이상 음악을 연주할 필요가 없어졌으니까요."

타 프롬을 되돌아 나왔을 때 우리는 더 이상 아리랑 가락을 들을 수 없었다.

타 프롬은 앙코르의 유적군 중에서 우리에게 가장 그윽한 원시적 감동과 신비감을 던져주는 사원이다. 에페오(EFEO)는 앙코르유적들을 복원하면서 사원 하나만은 19세기 발견 당시의 모습 그대로 남겨둔다는 원칙을 세웠다. 그리고 그 대상으로 이 타 프롬을 선택했다. 그것은 정말 모두에게 영감을 던져주는 위대한 결정이었다. 토인비가 말한 "자연의 회귀"(The Return of Nature)의 실상을 우리에게 깨닫게해주는 동시에 인간의 자연과의 투쟁이 얼마나 처절한 것이었나를 실감케 해준다. 그러나 인간의 승리에 대한 자연의 보복은 매우 냉혹하다.

자연의 회귀

『벽암록』이라는 희대의 명저, 선공안의 모음집, 그 "벽암"이라는 이름이 유래된 원오(圜悟)스님의 방장실 편액에 다음과 같은 시가 쓰여져 있었다.

원숭이가 새끼를 품에 안고 푸른 절벽 뒤로 돌아가고
새가 꽃을 물어 푸른 바위 앞에 떨어뜨린다
猿抱兒歸靑嶂後
鳥啣花落碧巖前

　새가 씨를 떨어뜨리는 푸른 바위, 그것은 물론 앙코르사원의 이끼서린 돌더미를 가리지 않는다. 새가 씨를 그냥 떨어뜨릴 수도 있고, 똥으로 갈길 수도 있다. 사원의 돌벽돌 틈새로 떨어지면 점점 뿌리를 땅으로 내려가면서 서서히 틈새를 벌려나간다. 그러면서 그 나무는 사원돌더미의 지지대가 되어버린다. 그러다가 나무가 벼락을 맞아 죽거나, 태풍에 흔들리거나, 죽어 썩거나하면 돌더미는 무너져 내려버리는 것이다.

　중국의 유명한 영화감독 서극(徐克)은 나와 절친한 친구다. 그가 제작한 영화중에 두 남녀의 애틋한 영적 사랑을 다룬 『천녀유혼』이라는 작품이 있다. 천년 묵은 고목나무가 영험하게 되어 귀신이 된다. 이 고목나무는 액귀가 되어버린 아

천녀유혼의 혓바닥

타 프롬의 린텔과 프로톤

소조한 타 프롬 광경

리따운 여인(왕조현 분)을 미끼삼아 널름거리는 혀로써 사람을 잡아먹는다. 서극 감독이 이 타 프롬사원을 와서 본 적이 있는지는 모르지만,『천녀유혼』속의 널름거리는 나무귀신의 헛바닥의 이미지는 사원의 돌더미를 휘감고 있는 거대한 스펑나무의 줄기나 뿌리와 정말 흡사하다. 그것은 마치 사원 전체를 구석구석 구비구비 휘감고 있는 거대한 구렁이와도 같다. 그 자연의 위용 속에 초라하게 사로잡히어 있는 문명의 걸작품들은 멸절되어가는 애절한 운명을 호소하고 있는 듯이 보인다.

최근에 우리나라에서도 선풍적 인기를 끈 오락영화,『툼 레

이더』의 첫 장면에서 안젤리나 졸리가 낙하산을 타고 떨어진 곳이 바로 야소다라뿌라의 중심 사원인 프놈 바켕이었다. 프놈 바켕에서부터, 아버지의 유언대로 재스민꽃이 피어있는 "춤추는 빛의 무덤"의 입구를 찾아가는데, 그곳이 바로 타 프롬 사원이었던 것이다. 졸리가 원주민 소녀의 웃음소리를 따라 으시시한 타 프롬 사원의 고푸라들을 들락거리는 장면을 독자들은 상기해볼 수도 있을 것이다. 타 프롬 사원의 지하에서 거대한 "춤추는 빛의 무덤"을 발견케 된다. 우주의 시간과 공간을 제어할 수 있는 열쇠의 한 조각……

타 프롬의 화려한 모습

사원 자체를 감싸고 있는 엔클로저의 범위는 250m×220m 정도인데 그 내부구조는 매우 복잡하다. 타 프롬 사원은 정말 아름답고 영험스러운 곳이다. 나와 동행한 원일 교수는 요번 여행에서 가장 악상의 흥취를 돋구는 장소로서 타 프롬을 꼽았다. 혼자 와서 하루 종일 앉아있을 수 있다면 위대한 작곡을 할 수 있는 느낌이 우러나올 것이라고 했다. 단체여행의 성격상, 그에게 그런 시간을 허락할 수 없다는 것만이 안타까웠다.

남쪽 벽면에 있는 어떤 문은 로댕의 "지옥의 문"(The Gate of

Hell)을 연상시킨다. 그 유명한 "생각하는 사람" 도 지옥의 문 위의 린텔과 도 같은 부분에 자리잡은 한 조각에 불과한 것이 다. 로댕은 "지옥의 문" 의 영감을 이탈리아의 르 네쌍스 조각에서 얻었다 고 했지만 그 영감의 더 그윽한 원천은 크메르의
빛의 무덤으로 들어가는 입구의 문들이었을지도 모른다. 타 프 롬은 영감의 덩어리였다.

 타 프롬을 돌아나와 뻐스가 기다리고 있는 광장에 이르렀는 데 여러 행상이 얼음에 재인 깡통음료수를 팔고있었다. 코카콜 라는 미제국주의의 상징이긴 하지만 안심하고 마실 수 있는 음 료래서 역시 손이 간다. 나의 일행이 한 소녀에게 우루루 몰려 들어 음료수를 팔아주었다. 그랬더니 서사장이 잘 팔아주었다 고 했다. 연유를 물으니 그 소녀가 절친한 한국 친구의 처제라

는 것이다. 일찍 이 곳에 정착한 한국 친구인데 캄보디아 여자와 결혼해서 잘 살고 있다고 했다. 그가 캄보디아 여자와 결혼하기로 작심하고 소문을 냈는데 일시에 20여명의 중매가 들어왔다. 그래서 일시에 면접시험을 보았다는 것이다. 캄보디아 여자는 가슴이 크고 얼굴이 하얄수록 미녀라 했다. 캄보디아 여자들에게는 타이 남자가 제일 인기가 있는데, 한국 남자도 제법 인기가 있다는 것이다. 20여명 중에서 얌전한 미녀를 선택했고 지금 애낳고 금슬좋게 살고 있다는 것이다.

다음의 행선지는 북쪽저수지 자야타타카(Jayatataka Baray) 한 가운데 자리잡고 있는 닉 펜(Neak Pean)이었다. 우리가 여행한 6월말은 우기의 한복판이었지만, 우기라 해서 우리가 생각하는 장마철을 생각하면 곤란하다. 하루종일 땡볕이 내려쬐는데 꼭 오후 네다섯 시경이 되면 한 시간 가량 강우량이 적지않은 소나기를 집중적으로 떨어뜨릴 뿐이다. 태풍도 없고 땡볕은 항상 충분한 것이다.

　캄보디아에는 우산이라는 것이 없다. 물론 도시의 특수계층에게 신문물로서 활용되고 있을지는 모르지만, 대부분의 거리에서 우산을 쓰고 다니는 사람을 발견할 수는 없다. 비라는 것은 산천초목처럼 사람도 맞아야 하는 것으로 생각한다. 그들은 풀이 비 맞고 자라듯이, 사람도 어려서부터 비를 맞고 자라야 하는 것이라고 생각하는 것이다. 그래서 소나기가 쏟아져도 아무 생각없이 맞으며 지나간다. 그들은 비 맞으며 몸을 씻는다고 생각한다. 동이를 이고 지나가는 여인의 옷이 젖어 몸에 찰싹 달라붙어도 아랑곳하지 않는다. 햇볕이 나면 옷은 곧 말라 원상복구된다. 캄보디아 사람들은 "끄로마"라는 긴 머플러를 꼭 가지고 다니는데, 목욕할 때는 앞을 가리고, 세수하고 나서는 수건으로 쓰고, 잘 때는 이불로 쓰고, 애기 업을 때는 강보로 쓰고, 햇볕이 뜨거울 때는 차양으로 쓰고, 학교 갈 때는 책보로 쓴다.

　닉 펜은 문자 그대로 "새끼 꼬인 뱀"(Coiled Serpents)이란 뜻이다. 70m 평방의 4각호수 안에 직경 14m의 작은 원형섬이 있는데 그 섬이 두 마리의 나가로 둘러쳐져 있는 모습에서 그 이

1925년의
닉 펜
중앙탑
모습

현재의
복원된
모습

름이 유래된 것이다. 동쪽에 나가의 대가리가 양쪽으로 쳐들고 있고, 서쪽에는 두 마리 나가의 꼬리가 새끼 꼬이듯이 서로를 휘감고 있다. 매우 정교하고 아름다운 조각이다. 그 작은 섬 안에 작은 사원이 자리잡고 있는데, 붓다의 출가, 삭발, 선정 등이 프론톤에 새겨져 있는 것을 보면 명백하게 불교사원인 것을 알 수가 있다.

닉 펜은 그 구도와 양식적 성격이 우리가 여태까지 보아온 모든 건조물과는 매우 다르다. 언뜻 우리의 통념으로는 파악되기 어려운 이질적 구조를 과시하고 있는 것이다. 과연 닉 펜은 무엇을 위하여 지어진 것일까?

닉 펜 북쪽입구

이것은 자야바르만 7세가 사랑하는 국민들을 위하여 지은 의료기관이라고 추론되고 있다. 자야바르만 7세는 불교를 신화의 종교로서가 아니라 자비의 종교로서 이해했다. 그 붓다의 자비를 사회적으로 실천하려고 애썼다. 자야바르만 7세의 두상은 오늘날에도 캄보디아의 병원 꼭대기에 세워져있다. 닉 펜은 붓다의 자비의 능력으로 인간을 질병으로부터 구원하는 곳이다. 크메르인들은 인간의 질병은 우연적인 세균이나 사기(邪氣)의 감염으로 일어나는 것이 아니라, 인간의 죄악의 결과라고 굳게 믿었다. 이러한 크메르인들의 생각은 내가 생각키에 매우 과학적인 것이다. 과학적임을 자처하는 현대인들은 인간의 질병에 대하여 스스로 책임을 지려고하지 않는다. 질병은 세균탓이며 재수탓이며, 그 치료는 의사의 몫이며, 돈으로 해결되어야만 할 그 무엇이라고만 믿는다. 현대인들은 사실 의료과학미신에 걸려있는 것이다. 그런데 인간의 질병은 결국 인간이 스스로 자초한 것이다. 반드시 자기가 자기몸에 죄를 지었기 때문에만 발생하는 것이다. 세균이나 바이러스에 감염되는 것도 재수가 아니라, 면역능력의 감소에 의한 것이며, 면역능력의 감소는 반드시 나의 실존적 행위의 소관이다. 질병은 인간이 죄를 지었기에 발생하는 것이라는 고대인들의 생각은 내가 생각키에, 현대인

꼬인 뱀

둘러쳐져 있는 뱀의 비늘

중앙탑

중앙탑 속의 석가의 선정. 보리수 밑에서 앉아 춤추는 모습으로 인지된 것이 특이하다.
싯달타에게 시바의 잔상이 겹쳐있다.

닉 펜 북쪽 호수

인드라의 입, 수약구

코끼리의 입, 수약구

들의 무책임한 질병관보다 훨씬 더 과학적인 것이다.

크메르인들은 인간의 죄는 모두 발로 내려간다고 믿었다. 그 죄로 더럽혀진 발을 씻으면 병이 낫는다고 믿었던 것이다. 닉 펜은 중앙에 4각의 큰 호수가 하나 있고(70m×70m), 또 그 4면의 외곽에 4개의 작은 호수들(25m×25m)이 연접해있다. 그리고 중앙호수의 한 가운데에 동그란 섬 위에 붓다의 자비를 상징하는 사원이 우뚝 서있는 것이다. 그리고 이 호수에는 무릎이 잠길 정도의 물이 담겨져있다. 그런데 이 다섯개의 모든 호수의

중앙호수

둘레는 오늘날의 노천경기장에서 볼 수 있는 스탠드처럼 설계되어 있다. 여기에 앉을 수 있는 인원은 약 8천명이나 된다고 한다. 그러니까 일시에 8천명의 병자를 수용할 수 있는 병원인 셈이다. 가운데 호수에 연접해있는 4개의 호수는 그 연접부분에 아취형의 굴이 있는데 그 굴 속에는 각기 코끼리(북면), 말(서면), 사자(남면), 인드라(동면)가 아름답게 조각되어 있는데, 그 조각상의 아가리는 중앙호수 스탠드 위의 홈통과 연결되어 있다. 이 조각들은 인드라를 소로 대치해서 생각해보면, 인도 전통의 히말라야 아나바타프타 호수의 전설(the legend of Lake Anavatapta)과 관련이 있을 것이다.

환자가 오면 먼저 진맥을 하고, 병과를 넷으로 분류한다. 그 4개의 병과가 무엇인지는 모르겠으나 이미 병과가 분류되었다는 것 자체가 환자들에게 자기의 병이 나을 수 있다는 신심을 불어넣어 줄 수도 있다. 그러면 그 해당된 호수를 점벙거리고 걸어가서 그 굴 속으로 들어간다. 그리고 코끼리나 말, 사자, 인드라의 아가리에서 흘러나오는 약물을 들이킨다. 그리고 다시 중앙에 있는 섬으로 점벙거리고 가서 부처님의 자비를 빈다. 이곳 닉 펜의 물은 인간의 죄를 씻는데 아주 효험이 있는 영험한 물로서 정평이 있었다. 다리를 담그고 점벙점벙 걸어간다는 뜻은 인간의 고해를 건너간다는 불교적 의미와 함께 죄로 더럽혀진 몸을 깨끗이 한다는 세례적인 치료의 의미가 복합되어 있다. 아마도 많은 사람들이 닉 펜에 와서 죄의 사함과 병의 쾌유를 획득했을 것이다. 다리의 신성함이란 크메르인들의 관념 속에 매우 중요한 의미를 지닌다. 우리에게 잘 알려진 캄보디아의 국왕 노르돔 시아누크 바르만의 풀네임 속에도 "신성한 발"이라는 호칭이 들어가 있다.

돼지를 개처럼 묶어 기른다

갑자기 소나기가 하늘에서 쏟아붓기 시작했다. 나는 비를 피해 닉 펜 앞에 있는 민가에 들어갈 수밖에 없었다. 지금도 사람이 사는 모습은 정말 바이욘사원 벽화에 그려진 모습과 다를 바가 없었다. 벽화 속의 화덕과 똑같이 생긴 화덕에서 밥을 짓고 있었고, 꿀꿀거리는 돼지가 개처럼 묶여있는 모습도 벽화에 묘사된 그대로였다. 소나기가 쏟아지니까 너른 뜰에서 놀던 암탉, 수탉, 개, 고양이, 오리가 모두 비를 피해 원두막같이 들린 마루 밑으로 몰려들었다. 서로가 서로의 영역을 지키며 평화롭게 비를 피하다가 비가 그치니까 또다시 밖으로 흩어졌다.

화덕. 117쪽의 벽화와 동일.

마지막 석양의 햇빛이 찬란히 비쳐들어왔다. 추녀 밑에 매달린 나무 부적에 맺힌 물방울들이 역광에 영롱하게 빛났다. 그렇게 빠알간 황토빛의 이국땅에서 하루가 저물어갔다.

부적

2004년 6월 29일, 화요일

 오늘은 앙코르 와트를 보는 날이다. 남들은 씨엠립에 오면 제일 먼저 앙코르 와트로 달려가서 보고 그 장관에 충격을 받는다는데, 우리는 앙코르 와트를 제일 나중에 보기로 한 것이다. 앙코르 와트를 탄생시킨 역사적 과정을 모두 섭렵한 후에 그 최후의 결실을 흠상하기로 한 것이다. 이러한 이티너리(여행일정)에 관한 한 서사장의 구상은 적확한 것이었다. 그의 판단은 옳았다. 기적은 결코 기적이 아니다. 이 지구상의 모든 불가사의는 인간의 과거에 대한 몰지각이나, 현대에 대한 자만과 오만에서 비롯되는 것이다. 지구상의 모든 불가사의(不可思議)는 불가사의가 아니라, 가사의(可思議)의 치열한 인간노력의 산물일 뿐이다. 앙코르 와트! 그것은 결코 기적일 수가 없었다. 그것이 생성되는 과정에 관하여 며칠동안 너무도 치열한 견문을 쌓았기 때문에, 그리고 너무도 충격적인 체험을 축적해왔기 때문에, 솔직히 나는 지쳐있었다. 앙코르 와트를 황홀하고 경탄스럽게 바라보기에는 나는 이미 너무도 많은 예비지식에 함몰해있었다. 새로운 충격을 받아들일 수 있는 신선한 의식의 공간이 없었다. 그러나 앙코르 와트의 정교하고도 웅장한 모습이야말로 지구상에 인간이 건조한 가장 위대한, 아니 기적같은 예술품이라 아니 말할 수는 없다는 것을 짚어두고 오늘의 이야기를 시작하자.

앞서 말했지만, 앙코르 와트는 희한하게도 서향이다. 그 거대한 코즈웨이(신도)가 서쪽으로 뻗어있는 나가와 사자가 나란히 고개를 쳐들고 있는 정면입구가 서쪽에 있다. 그래서 보통 앙코르 와트는 오후에 관람한다. 햇빛의 방향이 오전에는 불리하기 때문이다. 그러나 우리는 아침부터 하루종일 앙코르 와트만을 보기로 했다. 그리고 모든 유적은 햇빛의 향방을 불문하고 아침햇살의 싱그러운 조명의 싱싱한 맛이 최상품이다. 아침햇살을 놓친다는 것은 카메라 맨의 참사다.

그런데 오늘 나의 화두는 묵언이다. 앙코르 와트에 관해서는 침묵을 지키기로 한 것이다. 앙코르 와트야말로 나의 구구한 언설을 빌리지 않은 채 독자들의 상상이나 체험에 맡기는 것이 가장 정직한 해설의 첩경이 될 것이기 때문이다. 단지 내가 확신을 가지고 말할 수 있는 것은 앙코르 와트의 양식은 여태까지 내가 보고 분석한 사원들의 양식에서 벗어나는 것은 별로 없다는 것이다.

앙코르 와트 사원 메인 빌딩 그 자체는 3중의 회랑으로 겹겹이 둘러싸여 있다. 최외곽 제3회랑의 그 유명한 벽화에 관해서는 이미 약설한 바와 같다. 앙코르 와트의 모든 예술품 중에서 가장 나의 찬탄을 자아낸 것은 중앙탑에서 남쪽 제1회랑으로 가는 복도에 새겨져 있는 우아한 압사라들의 부조다. 그 단아

한 품격은 크메르의 석조예술에서 목격한 어느 작품보다도 그 향취가 드높다.

수미산처럼 머리 위로 솟은 세 개의 봉우리, 이마 위로 겹겹이 연화무늬를 둘러친 보관, 이마 중정의 다이아몬드, 깊숙이 예천 각궁처럼 파인 눈썹 위의 이마선, 지긋이 감아내린 눈, 치켜올린 눈꼬리, 날카로운 콧등, 뭉뚱하게 펼쳤지만 섬세하게 대칭을 이

앙코르 와트·월남 가다(下)

루고 있는 콧망울, 짧은 인중, 섹시하기 그지없이 두텁지만 좌우로 기다랗게 펼쳐진 입술, 섬세하게 조각된 입술의 경계선, 정중앙으로 부드럽게 파인 기다란 턱, 승장혈 밑으로 감아올린 턱끝, 건장한 목, 정교하게 보석으로 장식된 네크레스의 하늘거리는 선율 밑으로 과감하게 노출된 유방, 조금도
늘어짐이 없이 풍만하지만 달라붙은 유방의 선, 정중앙의 섬세한 젖꼭지, 배꼽 아래위로 손목을 정교하게 꺾어 휘감아올리는 손놀림, 다양한 포즈의 손가락 사이로 같이 너울너울 춤추고 있는 꽃가지, 성기만을 살짝 가린 허리보대, 그 밑으로 다리 곡선을 드러내며 흘러내린 비단치마, 정교한 꽃무늬 속에 여인의 하이얀 속살이 아름답게 내비친다. 통통한 허벅지와 슬림한 장딴지, 오늘날의 도우미모델에 비하면 좀 짧은 다리라고 하겠지만 결코 땅딸막하지는 않다. 성기를 중심으로 상체와 하체의 비율이 5 : 5, 그러니까 허리가 다리보다는 더 기름하다. 발목을 장식한 쌍발찌, 발은 앞으로 돌출시키지 않고 측면으로 돌려놓았다. 큐비스틱한 처리다. 머리보관의 화염문양 위로도 린텔에서 본 정교한 나뭇잎새들이 불꽃처럼 이중·삼중으로 휘감아 올라가는 그 정중앙에 인드라신상들이 일렬로 두 손을 모으고 앉아있다. 때로는 보관 옆으로 정교한 산스크리트 명문이 새겨져있기도 하다. 압사라 춤을 추는 무희들의 평화로운 미소야말로 우리나라 석굴암에 새겨진 12면 관세음보살상과 더불어 내가 체험한 최상의 작품이라 해야할 것 같다.

압사라 무희 조각이 있는 반대편, 그러니까 북쪽회랑 프론톤에는 절규하는 하누만 부대의 원숭이들의 모습이 새겨져 있다. 그토록 어렵게 랑카에 가서 기나긴 전투 끝에 구출한 부인 시타였지만, 그 부인 시타의 정절을 공적으로 증명하기 위하여, 라마는 동생 락슈마나에게 장작더미에 불을 지필 것을 명령한다.

암행어사 출도 후에 이도령과 춘향이가 재상봉하는 것과도 같은 극적인 장면을 『라마야나』의 저자는 매우 냉혹하게 처리하고 있다. 라마는, 눈물에 막힌 가느다란 목소리로 애정을 호소하는 통한의 부인 시타에게, 거칠고 차가운 목소리로 외치듯 말한다.

"시타! 나는 적을 죽이고 당신을 구했으니 모욕은 다 갚았소. 수개월 동안 적의 집에서 거한 여자를 기쁘게 맞아들여 함께 집으로 돌아갈 수는 없소. 이제 당신은 자유의 몸, 가고 싶은 곳으로 가시오. 우리의 인연은 끝났소."

순간 온천지가 분노로 떨면서 움직임을 멈추고, 시타는 태풍 앞의 가냘픈 넝쿨처럼 떨면서 말없이 눈물만 흘렸다. 원숭이와 곰과 락샤사들이 구름처럼 모여 쳐다보고 있는 가운데 시타는 어쩔 줄을 모르며 고개를 떨구었다. 이때 라마는 부인 시타에게 정절을 증명키 위하여 불구덩이에 들어갈 것을 명령하는 것이다. 시타는 어쩔 줄을 모르는 시동생, 락슈마나에게 간청한다.

"불을 태워주십시오. 나의 주인께서 나에게 아무 곳이나 가라고 하셨으니 이제 나는 나의 주인을 떠나서 갈 수 있는 유일한 길을 떠나겠습니다."

시타는 타오르는 불길 앞에서 합장한다.

"저에게 부끄러울 것이 없다면, 아그니 신이여, 저를 보호해 주십시오."

시타는 불에게 우측 어깨를 내어놓은 예경(禮敬)을 표한 후 불길 속으로 몸을 던졌다. 그 순간 모두의 호흡까지 정지된 듯 적막이 천지를 채웠고, 불길은 하늘까지 치솟았다. 이어 사방에는 비난과 비명과 동정의 소리가 터져나왔다. 말없이 고개를 숙인 라마의 두 눈에는 눈물이 고였다.

그 다음 어떻게 되었을까? 그 훗 이야기는 독자들이 직접 『라마야나』대서사시를 찾아보는 것이 좋을 것이다. 이 북쪽회랑 프론톤의 원숭이 조각은 바로 시타가 불구덩이로 뛰어드는 그 순간의 애통과 절규를 극적으로 묘사하고 있는 것이다. 그 장면은 제3갤러리 북쪽회랑과 서쪽회랑이 만나는 북서코너 파빌리온(The Northwestern Corner Pavillion) 속에도 독립적인 한 장면으로 새겨져 있다.

나는 이날 하루종일 굽이굽이 앙코르 와트를 둘러보았다. 점심도 생략한 채 최외곽의 제3갤러리 804m 회랑을 도느라고 나는 기진맥진했다. 나는 거대한 망원으로 계속 사진을 찍어댔기 때문에 가뜩이나 집필로 망가진 어깨근육이 파열되어 피멍이 들고있는 것도 의식하지 못했다. 그리고 남쪽회랑 "지옥" 부조에서 동쪽회랑 서쪽날개의 "우유바다휘젓기"로 넘어가는 문턱에서 큰 사고를 내고말았다. 문턱에 발끝이 걸려 넘어지는 순간, 나는 300mm 망원카메라를 보호하기 위하여 그것을 하늘쪽으로 버쩍 쳐들고 구르다가 오른쪽 무릎과 정갱이를 크게 다쳤다. 다행히 민철기 재수(齋秀)가 오스트랄리아산의 소독약 프로폴리스 정기(Propolis Tincture: 벌꿀집에서 추출한 특효약)를

베낭 속에 가지고 있었기 때문에 금방 소독과 지혈은 되었지만 체면이 말이 아니었다. 나는 오른쪽 바지를 무릎까지 걷고 다니지 않으면 안되었다. 우리는 오후 4시에나 앙코르 와트를 떠날 수 있었다.

저녁 때까지 시간이 좀 남았기 때문에 나는 홀로 프놈 바켕에 다시 오르기로 했다. 이 시간에는 프놈 바켕에는 사람이 없고 때마침 양광이 좋았기 때문에 좋은 사진을 찍을 수 있다고 판단했기 때문이었다. 나의 예상은 적중했다. 야소다라뿌라의 최고(最高)의 신전인 프놈 바켕에는 정적이 감돌았다.

발밑 사방 한 직선으로 이어지는 광활한 밀림의 지평선은 더 이상 나에게 이방의 문명이 아니었다. 그것은 이미 나의 실존 속으로 들어와버린 삶의 지평이었다. 부지런히 사진을 찍고 있는데 밑에서 기다리고 있던 일행이 코끼리를 타고 올라왔다. 나는 하님이·다님이와 함께 하우다(howdah: 코끼리 등위 가마)에 올라탔다. 코끼리에 올라타 대지와도 같은 육중한 몸매가 흐느적거리며 이동하는 느낌도 색다른 체험이었다. 코끼리 아이라바타를 타고 다니는 인드라신의 느낌을 알 것 같았다. 프

놈 바켕산 옆허리에 지그재그로 난 길을 굽이굽이 돌아 내려오면서 발 아래 깔렸던 앙코르의 정글은 눈높이로 다가왔다. 그런데 나를 감격시킨 것은 코끼리몰이(mahout)의 이색적인 풀피리였다. 아무 풀잎이나 뜯어 그 풀잎 가장자리를 툭 꺾는다. 그리고 입술 사이에 물어 그것으로 리드를 삼는다. 그의 입안에서 떨려오는 소리는 연속적인 미분음의 음계를 오르락 내리락, 자유자재다. 바이브레이션이나 높은 청음의 기교도 있다. 원시적인 풀피리치고는, 우리가 어릴 때 불던 버들피리와는 비교도 되지 않는 고등한 멜로디를 생산해내고 있었다. 그리고 음색도 매우 이색적인 감흥을 자아냈다. 생생한 자연의 떨림, 그것은 아마도 나가신의 환희의 송가였을 것이다.

이날 저녁 우리는 북한에서 낸 "평양랭면" 집을 갔다. 남한에서 낸 음식점과는 대조적으로 사람들이 바글거렸고 생기가 넘쳤다. 평양랭면도 맛있었고, 불고기나 세겹살, 김치맛도 괜찮았지만, 사람들을 매료시키는 것은 발랄한 6명의 종업원 북한 처녀 아가씨들이었다.

평양랭면(PyongYang Restaurant)집은 2002년 12월 15일 개장했다고 했다. 그런데 이곳에서 근무하는 아가씨들은 상당한 미녀들이었다. 모두 3년제 관광대학을 나온 아가씨들이었는데 피부도 하이얗고 통통하게 생겼는데 흔히 북한여성에서 느껴지는 쫄쫄한 내음새가 없었다. 어찌되었든 북한사회에서는 최상류의 혜택을 받고 자란 당당한 여성들일 것이다. 세코(SEKO)에 근무하는 한국 관광가이드 남성들이 북조선에서 싱싱한 처녀들이 대거 온다는 소리를 듣고 가슴을 설레였던 모양이다. 그래서 개인적으로 접촉해보려고 짓궂게 따라다녀 보기도 했던 모양이다. 그래서 호텔 수영장에까지 따라가서 말도 걸어보고 했던 모양이다. 허나 그 처녀들이 마음을 줄 리 만무하다. 부풀었던 가슴들이 짜부러진 찐빵처럼 식어버리고 말았다. 크메르제국의 폐허에서 만난 북조선의 처녀와 남조선의 총각, 그 사이에서 벌어지는 피눈물나는 애련의 사연들… 이런 것을 한번 영화소재로 삼아보면 어떨까? 순간 이런 공상도 해보았다.

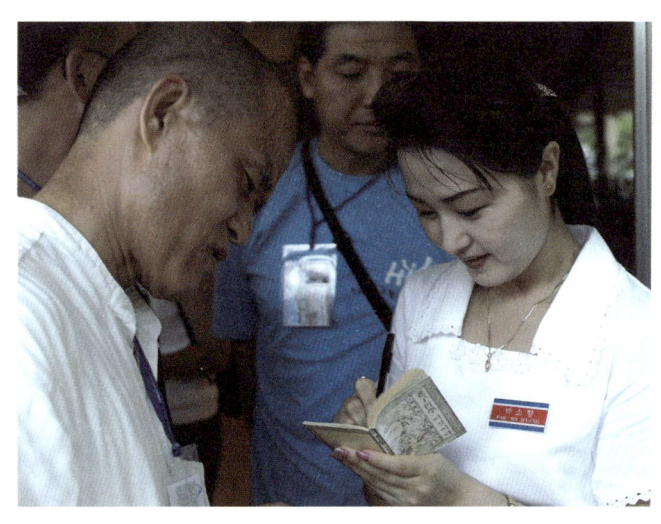

히히호호 히호호

어제밤에도 불었네 휘파람 휘파람

벌써 몇달째 불었네 휘파람 휘파람

복순이네 집앞을 지날땐

이 가슴 설레여

나도 모르게 안타까이 휘파람 불었네…

혁신자의 꽃다발 안고서 휘파람 불며는

복순이도 내마음 알리라 알아주리라

북한의 처녀들은 표정관리가 일정하게 되어있다. 그들이 그것을 의식하는지 안하는지는 모르겠지만, 항상 눈웃음치며 입술을 생끗 벌리며 미소짓는 그 획일적 모습이 기분이 나쁘지는 않지만 어색한 향수를 자아낸다. 그 새악씨들의 제일 언니인 듯이 보이는 동지와 나는 말을 걸었다. 맏며느리 같이 보이는 복성스러운 얼굴이었다.

"이름이 무엇입니까?"
"박소향입네다."
"한자로 쓸 줄 압니까?"

그러니까 내 수첩 위에 "朴素香"이라고 예쁜 글씨로 또박또박 썼다.

"고향이 어디입니까?"
"평양입네다."
"가족이 있습니까?"
"부모님과 언니 하나, 남동생 하나가 있습네다."
"실례지만 나이를 물어봐도 되겠습니까?"

"스물네 살이야요."

아무 말이나 거침없이 대답한다.

"여긴 어떻게 나오게 되었습니까?"
"저희들은 회사소속입네다. 평양에 있는 회사에서 파견나온 것입네다."
"이 랭면집도 결국은 정부 것이 아닙니까?"
"안그렇습네다. 남측과 똑같아요. 그냥 회사 것입네다. 저희들도 월급받고 살지요."
"받는 월급은 평양의 부모님께 보냅니까?"
"안 보냅네다. 그냥 저희들이 생활하면서 쓰지요."
"캄보디아 생활이 좋습니까? 평양생활이 좋습니까?"
"그야 집에 사는 것이 좋지요. 평양에 돌아가서 살고 싶습네다."
"그럼 왜 안돌아가고 여기서 이렇게 삽니까?"
"저희들은 3년계약으로 왔습니다. 이제 1년 살았습니다. 아직도 2년 남았습니다. 2년이 지나면 당연히 돌아가지요."

여기서 우리는 북한경
제에 관해 좀 새로운 시
각을 가질 필요가 있다.
우리는 해외에 있는 북
한의 식당이나 상점이
모두 북한정부당국의 기
관원에 의하여 운영되는 것이라고만 생각하기 쉽다. 그러나 최
근의 북한경제동향은 달라지고 있다. 지방의 사조직도 독자적
으로 해외영업을 할 수 있는 길을 열어주고 있다. 씨엠립에 있
는 평양랭면집을 반드시 북한의 기관원소굴로만 파악할 필요
는 없다. 그들도 그들 나름대로 순수한 경제단위로서 활동하고
있는 것이다. 이 박소향 아가씨가 하고있는 말들은 결코 위장
된 것으로만 해석할 필요는 없다.

이들은 노래방기계에서 노래가 나오면 노래만 부르는 것이
아니라 춤을 춘다. 장성한 아가씨들이 눈웃음 짓는 표정, 잘룩
거리는 허리, 요리조리 휘감는 손동작으로 빙빙 돌며 일정한
박자에 맞추어 춤추는 모습은 꼭 유치원 학생들의 학예회 발표
같아 어색한 웃음을 자아낸다. 그러나 사실 유치하기 때문에

그만큼 진실하고 원초적인 향수를 불러일으킨다. 하여튼 자연스럽지 못한 그들의 언행은 골계미 만점이다.

"노래도 잘 부르시고 춤도 잘 추시는데, 그것도 대학에서 배운 것입니까?"
"아닙네다. 그건 어려서부터 누구나 다 하는 것입네다. 우리는 그렇게 춤추며 자랐습네다. 그 정도의 노래와 춤은 누구나 다 하지요."
"대학에서 전공은 무엇을 했습니까?"
"봉사학과 요리학을 배웠습네다."
"여기서 근무하는 소감은 어떻습니까?"
"항상 남측동포들을 접할 수 있어 좋습네다. 다양한 사람들이 오가기 때문에 지루하지가 않습네다."
"남측동포들이 실수하는 것은 없습니까?"
"다 손님으로 알고 즐겁게 복무합네다."

처녀시절 꽃시절 꿈도 많아서
기쁨속에 하하하 행복속에 깔깔깔
전차공 처녀야 고운 꿈을 아껴라

> 금동산 높이쌓고 네꿈을 속삭이렴
> 굴진공 그총각 영웅광부 되는날
> 웃음가득 노래가득 사랑도 안겨주자
> 하하하 카카카

  예술은 꼭 사회적 목적에 복속되어야만 하는 것일까? 이러한 노래가사를 잘 분석해보면 매우 유교적인 전통적 여성상이 그대로 드러나있다. 고운 꿈을 아껴 남자가 영웅광부 되는 날 웃음과 사랑을 안겨주는 처녀! 뒷뜰 장독대에 제단 쌓아놓고 비는 춘향엄마 월매의 소박한 꿈을 북한의 혁명가요는 아직도 그대로 간직하고 있는 것이다. 북한사회는 그토록 아직도 진화하지 않고 있는 순결한 사회라 해야할까?

  이날 밤, 우리는 2차로 프사르 짜아 지역, 까페거리로 갔다. 원일 교수가 나의 아들 일중이와 막내딸 미루를 데리고 먼저 나갔기에 그들을 찾으러 나갔던 것이다. 여러 군데를 수소문해서 결코 찾아냈는데 원일군은 발맛사지를 받고 있었다. 그런데 캄보디아의 발맛사지는 수준이하였다. 혈에 대한 개념도 없는 힘없는 손으로 폼만 잡고 있었다. 결국 우리는 서양인 젊은이

들이 우글거리는 템플 까페(Temple Cafe)에서 맥주를 마시기로 했다. 서양의 젊은이들이 우글거리는 곳은 우선 바가지를 쓸 염려가 없다. 워낙 짠 놈들이 모이는 곳이니까. 그런데 내 옆에는 독일여성이 앉아있었다. 독일여성은 아리안족의 정통 혈통을 자랑하는 듯, 금발머리, 넓찍한 이마, 오뚝한 코, 압사라 무희의 조각과도 같은 턱을 가진 미녀였다. 그 옆에는 남자친구가 같이 앉아 있었다. 결혼한 사이냐고 물으니까 전혀 그런 사이가 아니라고 했다. 그럼 서로 사랑하는 사이냐고 물으니까 빙그레 웃으면서 여행을 같이 할 정도의 사이라고만 답했다. 독일에서부터 같이 하염없이 굴러왔다고 했다. 남자도 꽤 멋있게 잘생긴 친구였다. 여자에게 뭐를 하냐고 물으니까 쾰른대학에서 인류학을 공부하고 있는 학부학생이라고 했다. 나는 지적인 대화를 하고 싶어졌다. 갑자기 나는 독일어로 다음과 같이 대화의 서두를 장식했다.

"니이체가 신은 죽었다고 외쳤는데 당신은 그 의미를 아십니까?"

그녀는 나의 엉뚱한 질문에 기가 질린 듯 당황스러워했다.

"글쎄요. 요즈음의 독일의 젊은이들은 니이체를 읽지 않습니다. 아마도 니이체가 신은 죽었다고 외친 것은 신중심으로 형성되어온 서양전통 전체를 거부하는 외로운 발악같은 것이었겠죠."
"니이체의 신의 사망선고는 서양문명을 거부하는 부정적인 맥락에서만 이해되어야 할 성질의 것이 아닙니다. 그것은 이제 다가오는 새로운 시대의 사람들은 하늘을 버리고 진정 땅위에서 살아야 한다는 것을 외친 것입니다. 그런데 서양사람들은 아직도 하늘에서 살고 있지요. 니이체의 가르침을 본질적으로 이해하지 못했어요."

그러자 이 독일여성은 아직도 황당하다는 듯한 표정을 지으며 나에게 날카롭게 되물었다.

"그런데 선생님은 왜 이 크메르까지 오셔서 땅으로 돌아가라는 니이체의 설교를 저에게 말씀하시는 거죠?"
"바로 그겁니다! 크메르제국의 사람들은 어리석게도 땅위에 하늘을 지으려고만 노력했어요. 오늘 앙코르 와트를 보았습니다."
"저희도 오늘 보았습니다. 너무도 경이로왔습니다."
"인류학을 공부하는 학생이라면 단지 경이롭다는 경탄만을 발해서는 아니됩니다. 앙코르 와트는 하나의 비극일 수도 있습니다."
"선생님이야말로 너무 관념적으로 사물을 규정하시는군요. 앙코르 와트는 그 나름대로 아름다운 예술품이 아닐까요. 그 곳곳에 숨어있는 찬란한 디자인의 아름다움을 그냥 심미안의 경이 속에서 바라볼 수는 없을까요? 선생님은 앙코르 와트가 땅위에 지어진 하늘이라고 주장하시는 것이죠?"

"그렇습니다."

"신화적 세계관 속에서 창조된 것이라는 뜻입니까?"

"그렇습니다."

"어차피 고대문명은 다 신화 속에서 창조된 것이 아닐까요? 과거를 오늘날의 과학의 잣대로서만 평가할 수는 없는 것이 아닐까요?"

"우리 조선문명은 크메르제국보다도 더 오래된 고문명입니다. 그런데 우리 조선인들은 이렇게 혹독하게 신화적 가치관에 의하여 매몰된 적은 없었습니다. 그들은 땅위에서 살 줄을 알았습니다. 그들은 하늘조차 땅으로 만들 줄 알았지요. 신화? 좋습니다! 신화는 신화 나름대로 의미가 있습니다. 그러나 크메르인들은 그들의 삶의 공간에서 신화의 의미를 내면화시키는데 실패했습니다. 신화를 위하여 인간의 문명을 희생시켰습니다. 인간의 문명을 위하여 신화의 의미를 살리지 못했습니다. 그 정신적 가치를 계승시키지 못한 채 거대한 돌더미만을 남긴 것입니다. 경이롭지만 전혀 부럽지 않습니다. 이렇게 거대한 석조건물을 남기지 않은 우리 조상들의 예지가 크메르인들의 예지보다는 더 위대하다는 역설적 주장을 하고 싶군요."

"조선의 사원들은 어떻게 생겼습니까?"

"작고 아담하지요. 이런 사원들과의 가장 큰 차이는 목조라는 것이지요. 우리 조상들은 이 땅위에 인간이 짓는 문명의 작품들은 모두 자연 속에 잠깐 왔다 가는 손님, 즉 객형(客形)이라고 생각했어요. 그래서 에집트의 피라밋이 상징하는 것과도 같은 영원성의 대상일 필요가 없었습니다. 물론 석굴암과 같은 돌작품도 있습니다. 그러나 그것은 거대함에서 위대성을 과시한 작품이라기 보다는 그들의 생각하는 우주의 완정(完整)하고도 정교한 구현체로서 의미를 가졌던 것이죠. 크메르인들은 너무도 거대한 천상의 궁전을 지상에서 구현하려고 노력했기 때문에 문명의 정신적 잉여가치를 창출할 수 없었습니다. 자야바르만 7세 때는 이미 사암이 고갈되어버렸습니다. 그것은 사암의 고갈일 뿐 아니라 그 문명을 유지시킬 수 있는 모든 잉여자산의 고갈을 의미하는 것이었습니다.

우리 조선인들은 거대한 사찰을 짓기보다는 위대한 불경의 주석서를 냈고, 우리 자신의 문자를 창안했으며, 리·기, 사단·칠정이니 하는 추상적 가치에 대해 수없는 논쟁의 서신과 논문들을 축적시켜나갔습니다. 이런 것들은 물론 지금 유적으로 보이지는 않지만 지금도 살아있는 우리 문명의 기저를 형성하고 있습니다. 우리 조선인들은 작은 것에서 큰 것을 보았습니다. 조선의 선비들은 뜨락의 정자 하나, 물길 한 굽이, 나무 하나, 돌 하나에서 거대한 우주를 상상할 줄 알았습니다. 그 인도주의적 품격과 아취를 신화에만 매몰된 사람들은 도저히 흠상할 길이 없는 것입니다."

독일 여성은 나의 변론이 이해가 안간다는 듯한 얼굴표정을 지었다. 그러면서 다음과 같이 이야기하는 것이었다.

"모든 문명은 그 나름대로의 특징과 가치가 있습니다. 한 문명의 장점을 주장한다면 타 문명의 장점도 같이 인정해야 합니다. 크메르 문명은 그 나름대로 분명한 가치를 지니고 있다고 생각합니다. 무엇보다도 형언할 수 없이 아름답습니다. 유럽에서 체험하는 어떠한 작품보다도 더 아름답습니다!"

"그러나 신화적 가치에 매몰되어 그 신화의 구현체로서의 건조물에만 신경을 쓰고 인간의 일상적 삶의 현실을 외면한 것은 참으로 안타까운 일입니다. 현재 부시정권이 하는 일도, 미국이라는 신화의 창출을 위하여 전세계 인민의 삶을 무시해도 좋다는 그릇된 가치에 매몰되어 있습니다. 그렇게 되면 문명의 가치가 패권주의, 전쟁에만 매달리게 됩니다. 크메르도 지나치게 신화와 전쟁에만 모든 인간의 열정을 낭비했습니다.

그대가 속한 서구문명도 지나치게 종교적이며, 역시 크메르문명도 지나치게 종교적이었습니다. 크메르문명도 수리야바르만 2세 때나, 자야바르만 7세 때는 오늘날의 미국문명이 누리고 있는 영화, 그 이상의 영화를 향유하고 있었습니다. 그러나 지금 남은 것은 돌더미밖에 없습니다."

"크메르문명의 멸망에 관해서는 학자들의 다양한 견해가 있지 않습니까? 우주인설화, 전염병설, 이주설, 노예들의 반란설 등 다양한 견해가 있지 않습니까?"

"어떠한 설을 취하든지간에, 문제는 재앙으로 인한 파멸을 복원할 능력이 없었다는 데 있지요."

"선생님의 말씀은 너무 냉혹합니다. 저는 앙코르 유적을 보다 낭만적으로 해석하고 즐기고 싶습니다."

"젊음은 낭만적인 것이죠. 젊은 이상의 낭만은 없습니다. 그것이 그대들이 가진 힘입니다. 세계를 낭만껏 누비십시오. 한국에 올 기회가 있으면 날 찾으십시오."

"어떻게 찾나요?"

"머리 깎은 철학자를 수소문해보면 대강 사람들이 알려주겠지요."

"말씀 감사합니다."
"당케 쉐엔. 아우프 비더제엔!"

나는 시클로를 2불에 흥정했다. 압사라 호텔로 가는 밤길에 짙은 황토 내음새와 함께 훈훈한 열기가 뺨을 스쳐지나갔다.

통킹만 하롱 베이

2004년 6월 30일, 수요일

 씨엠립에서의 마지막 여정이었다. 아침을 먹으러 내려갔는데 한국관광객들이 바글거렸다. 그런데 누가 갑자기 소리를 치는 것이었다.

 "아니! 선생님 아니세요! 어쩌면 이런 곳에서…"

 참으로 뜻밖이었다. 내가 도도회(檮濤會)라는 화가들과의 모임을 십년 가까이 주관했는데, 그 모임을 주도적으로 이끌어온 심현희선생과 그 부군이었다. 부부가 다 화가인데 참으로 성실하게 노력하는 실력자들이었다. 그들도 평소 앙코르에 대한 환상이 있어서 모처럼만에 마음먹고 관광단에 끼어 유람을 왔다고 했다. 스케줄을 보니 반테이 스레이(Banteay Srei)가 보이지 않는다. 꼭 가보라고 했다.

프놈 바켕산에서 남쪽을 바라보면 16㎞ 지점에 프놈 크롬(Phnom Krom)이라는 동산이 보인다. 그 방향으로 계속 더 나아가면 톤레 삽(Tonlé Sap) 호수가 나온다. 앙코르 여행의 마지막 이티너리는 바로 톤레 삽 호수 입구의 총 크니스(Chong Khnies)라는 이름의 수상마을(Floating Village)이었다. 옛날에는 관광

안내원들이 그냥 한번 둘러나오고는 했는데, 워낙 인기가 좋아 관광객들이 몰리니까 관광국에서 부서를 설치하고 1인당 20불을 받았다고 했다. 그 뒤로 여행사단체에서 항의를 해서 5불로 내리기는 했다고 한다. 그런데 나는 솔직히 말해서 이미 그토록 관광유원지화 되어버린 곳은 별 흥미를 느끼지 못한다. 나의

관광행위가 그들의 평화로운 삶의 방식을 파괴하고 있기 때문에 씁쓸한 느낌만이 앞선다. 그리고 그들이 우리 관광객을 바라보는 시선도 이미 오염된 눈빛이기 때문에 생동하는 그 무엇을 추억 속에 담기 어렵다. 서사장은 나보고 그곳에서 사진을 많이 찍게 될 것이라고 흥분해서 말했으나 난 별다른 감흥을 느끼지 못했다. 수상마을은 모든 것이 배 위에 떠있는 것이며 수심의 변화에 따라 자유롭게 이동하게 되어있다. 그것도 육지의 한 도시와 똑같은 모든 형태의 네트워크가 갖추어져 있다. 그들은 풍요로운 톤레삽의 어업을 통해 생계를 유지한다. 현재도 1㎢당 5만톤의 물고기가 노획되고 있다.

1990년 12월, 나는 김우중 회장과 함께 그의 전용기를 타고 아프리카를 여행한 적이 있다. 그때가 아마도 대우가 최전성기를 구가하던 시절이었을 것이다. 김우중 회장이 미처 아프리카 대륙에 발을 디뎌보지 못한 나에게 그런 기회를 만들어준 것에 대해 나는 두고두고 감사한다. 그때 내가 체험한 아프리카대륙의 감동은 다시 연출되기 어려운 유니크한 그 무엇이었다. 김 회장의 전용여객기의 아기자기함과 효율성은 물론이지만, 우리의 아프리카 일정은 거의 스테이트 비지트에 가까운 국빈대

접의 이티너리였기 때문에 나로서는 접근되기 어려운 많은 곳을 체험할 수 있었던 것이다.

아프리카 독립의 대부 카운다 대통령의 영접을 받아 그의 헬리콥터전용기를 타고 탕가니카 호수 남단 카사바 베이에 있는 그의 별장을 갔을 때였다. 내가 타고 있던 헬리콥터의 프로펠라가 푸른 초원의 풀들을 눕히며 사뿐히 내리자마자 그 주변에서 구경하고 있던 새까만 아이들이 새까맣게 몰려들었다. 그 순간이었다! 나에게 확 다가온 아프리카 대륙! 그 검은 기운을 상징하는 그 아동들의 웃는 이빨과 눈동자, 그리고 싱싱한 피부가 발출하는 강렬한 생명의 약동! 내 인생에서 그토록 생명의 원초적인 고귀함을 절실하게 느껴본 적은 없었다. 나는 그 순간을 내 인생에서 가장 고귀한 삶의 충격으로 두고두고 간직하고 있다.

그런데 매우 재미있는 일이 벌어졌다. 우리 뻐스가 톤레삽 호수가에 도착했을 때, 나의 막내딸 미루 주변으로 크메르의 아동들이 새카맣게 몰려들었던 것이다. 물론 그들은 물건을 팔거나 구걸을 하기 위한 것이었지만, 미루는 그 순간 내가 카사

바 베이에서 느꼈던 것과도 같은 강도 높은 어떤 감동을 느꼈던 것 같다. 미루는 그곳을 떠날 때 눈물을 흘렸다. 그리고 대학원을 마치고 나면 꼭 이곳에 와서 자원봉사자 생활을 하고 싶다고 했다. 나는 미루의 그러한 생각에 깊은 격려를 보냈다. 나의 삶의 방식과 근원적으로 다른 인류의 삶의 방식을 체험한다는 것처럼 인간에게 위대한 교육은 없을 것이다.

문명의 발전단계가 낮을수록 재래적 시장은 발달해있다. 우리의 마지막 여정은 프사르 짜아(Psar Chaa), 씨엠립에서 가장 큰 시장이었다. 우리나라 옛 남대문·동대문 시장의 성대한 모습이었다. 서사장은 우리 보고 돌조각은 사지말라고 했다. 반출이 금지되어 있다는 것이다. 미루는 정말 싸고 멋있는 치마를 하나 샀다. 원일 교수는 매우 좋은 크메르의 악기를 값싸게 샀다고 기뻐했다. 그런데 이 토착적 삶의 내음새를 물씬 느끼게 만드는 시장도 곧 현대식 건물로 바뀐다고 했다. 참으로 슬픈 일들이 이 세계 곳곳에서 벌어지고 있다. 크메르인들에게는 이러한 재래시장이 훨씬 더 수익성이 높고 편한 것이련만… 개발의 의미를 모르는 채, 이 세계는 개발만 되어가고 있다. 하나의 목표를 향해! 미국식 세계화! 미제국주의의 영화! 그 한 목표를 향해!

 마지막으로 우리가 간 곳은 톤레삽 레스토랑(Tonle Sap Restaurant)이었는데, "동리살하찬청"(洞里薩河餐廳)이라고 쓰여져 있는 것을 보면 중국화교계열의 음식점일 수도 있다. 톤레삽에서 먹은 음식 중에는 가장 구미에 당겼다. 적당히 선채(選菜), 그러니까 채소와 고기 등을 골라담아가면 그곳에서 바로 센 불에 끓여주는 것이다. 중국식 후어꾸어(火鍋)요리를 징기스칸 요리식으로 즉석화시킨 것인데 참 맛있었다. 코코넛죽, 그린 파파야 샐러드, 바나나 아이스케키 등, 그 집의 음식은 섬세한 맛이 있었다.

 낮 12시 우리는 드디어 씨엠립-앙코르 인터내셔날 에어포트에 도착했다. VN826으로 갈 예정이었는데, 손님이 별로 없다고 VN-B206 경비행기로 기편이 바뀌었다. 월남 비행기였다. 내가 기내에서 서성거리니까 월남 여자승무원이 인상을 쓰면서 신경질적으로 빨리 앉으라고 호통친다. 월남은 미국과의 전쟁에서 승리한 덕분인지, 세계사람들을 모두 깔보는 습성이 생긴 것 같다. 월남 여승무원은 호전적이고 흉포한 느낌을 준다.

기분이 썩 좋질 않다. 나는 그녀에게 다음과 같이 말했다.

"I'm your guest. You have to know how to serve your guest." (나는 너의 손님이다. 손님을 모실 줄을 알아야지!)

난 역시 한국 여자가 제일 좋다.

톤레삽 호수가 구름 밑으로 강렬한 햇빛을 반사했다. 스르르 잠이 들어버렸다. 눈을 떴을 땐 이미 탄 손 나트 공항(Tan Son Nhat Airport)이었다. 2시 40분, 바깥 온도는 32°였다.

이화석 대한항공 지점장이 마중나왔다. 오늘 저녁 김지영(金芝榮) 주사이공(호치민 씨티) 총영사께서 우리 부부를 위하여 만찬을 베푸신다고 했다. 사실 오늘 저녁 우리여행단 스케줄은 사이공 리버 크루즈였다. 시내를 흐르는 사이공강을 따라, 큰 배를 타고 식사하면서 유람하는 관광이었다. 나는 크루즈에 합류하고 싶었으나 총영사님께서 나를 위해 생각해주신 만찬에 안간다는 것은 결례가 될 것 같아 하는 수 없이 스케줄을 변경했다. 아무래도 리버 크루즈가 더 낭만적일 것 같았다. 계속 미련이 남았다. 그런데 나중에 알고보니 사이공 리버 크루즈를 안한 것이 백방 잘된 일이라고 했다. 강물은 똥물에, 음식도 형편 없었고, 한국유행가요만 실컷 들었다고 했다. 별 낭만이 없었던 것이다. 허긴 나까지 빠졌으니 재미가 없을 것은 뻔한 이치다.

탄 손 나트 공항에서 동남쪽으로 7㎞를 가면 사이공 중심가가 나온다. 공항에는 새로운 관광안내자가 기다리고 있었다. 이름은 남유현(南有鉉)! 서사장처럼 학구적인 사람은 아니었지만, 매우 박식하고 무엇보다 코믹했다. 유모아가 넘치는 사람이었다. 단단한 체구에 경쾌한 인품의 소유자였다. 입담이 좋아 아줌미들이 퍽이나 따를 인물이었다. 그러니까 좀 트로트 스타일이다. 그는 정장을 입고, 신성교통이라 쓰여진 45인승 좌석뻐스를 가지고 나왔는데 에어콘이 강렬했다. 그는 유창하게 월남사정을 개괄했다.

"베트남은 인구는 8천만명이지만 정확한 통계가 잡히질 않아 실제 인구는 9천만을 넘을 것 같습니다. 1975년 4월 30일 통일국가가 되었으니까, 내년이 통일 30주년이 되는 해입니다. 사이공에는 현재 1300만명의 시민이 살고 있으며 그 면적만 해도 서울의 1.2배가 됩니다. …"

우선 우리는 호텔에 들어가기 전에 사이공을 좀 돌아보기로 했다.(현재의 공식명칭은 호치민 씨티[Ho Chi Minh City]이지만 우리에게 친숙한 이름인 사이공으로 부르기로 한다. 사이공이라는 이름은 아직도 존재하지만 그것은 종로구와도 같은 제1구[District 1]의 명칭이다. 그러나 공식명칭은 호치민 씨티이므로 공식업무를 보는 사람들은 사이공이라는 이름은 자제하는 것이 좋다.) 1859년 불란서군대에 의하여 점령되었고 몇년후에 불령 코친차이나(Cochinchia)의 수도가 된 비운의 도시, 사이공! 1956년부터 1975년까지는 우파정권인 베트남공화국(the Republic of Vietnam)의 수도였다는 것은 우리 모두가 잘 아는 사실이다. 남유현은 사이공 중심부로 들어가면서, 우리가 평생 본 오토바이보다 더 많은 오토바이를 보게 될 것이라고 말했다. 사이공의 거리는 오토바이로 꽉 메워져 있다.

구 사이공의 특징은 가로수와 오토바이

남유현 부장은 우리를 채명신 장군이 지휘본부를 차린 주월사령부 옛 건물로 데려갔다. 지금도 그대로 보존되어 있는데 현재는 개인기업의 소유물이래서 들어갈 수가 없었다. 그 건너편에 뻐스가 섰는데 횡단보도의 표시가 없다. 오토바이로 꽉 메워진 거리를 어떻게 16명의 여행집단이 건너가는가?

그 해결책은 매우 간단하다. 오토바이를 의식하지 않고 그냥 천천히 길을 횡단하기만 하면 되는 것이다. 뛰거나 허둥댐이 없이 무심하게 천천히 걷기만 하면 오토바이들은 바위를 비켜가는 시냇물처럼 스르르르 다 알아서 빠져나가 버린다. 무질서

구 한국군 주월사령부

속에 질서가 있는 것이다. 사이공은 혼돈스러운 중국의 대도시와 매우 비슷하지만 여행객들에게 다르게 비치는 모습이 있다면 비교적 깨끗하고 안전하다는 것이다. 범죄가 최소한으로 억제되어 있다. 그만큼 중앙정부의 통제력이 도덕적인 권위를 아직도 가지고 있다는 것을 의미한다.

사이공 최중심부에 노틀담사원(Notre Dame Cathedral)이 있다. 1877년부터 1883년 사이에 지어진 네오 로마네스크 양식의 건물인데 양쪽으로 높이 40m의 사각의 뾰족한 첨탑이 치솟아 사이공의 스카이 라인을 다채롭게 만들고 있다. 그 앞에 성

노틀담사원

모 마리아의 화강암 석상이 서있는데 정말 매혹적인 불란서 미녀의 얼굴을 하고 있다.

그 옆에 옛날 불란서식 우체국이 있는데 한번 들어가 볼 만하다. 돔 양식과 바닥의 아름다운 색상의 문양 타일, 그리고 벽면에 걸려있는 고지도가 볼 만하다.

인민회당과 호치민동상

그리고 20세기초(1901~1908)에 지어진 아름다운 호텔이 지금은 호치민 씨티 인민회당(Ho Chih Minh City People's Committee Building)이 되어있다. 그 앞 길 건너 호치민(호지명, 胡志明)의 동상이 서있다.

호치민은 죽을 때, 일체 그를 위하여 동상을 세우지 말 것을 당부했다. 그리고 그를 신격화하는 어떠한 행위도 해서는 안된다고 못박았다. 그런데 인민들의 갈망으로 하노이에 하나, 사이공에 하나, 딱 두 개만 세웠다고 했다. 그런데 사이공 인민회당 앞에 세워놓은 호치민 동상의 모습은 매우 인상적이다. 그 명문도 박 호(Bác Hô)와 생몰연대뿐이다(1890. 5. 19.~1969. 9. 2.).
박 호란 "호 아저씨"(Uncle Ho)란 뜻이다. 성스럽게 그 앞에 줄을 쳐놓은 것도 없다. 그리고 다 낡아빠진 나무책상 위에 한 손을 얹고 한 손은 호 아저씨에게 기대고 있는 소녀의 단발머리를 쓰다듬고 있다. 발은 맨발에 폐타이어를 기워 만든 호치민

박 호

샌달을 신고 있다. 인자하게 웃는 얼굴에 총채처럼 달린 수염, 한없이 친근한 아저씨의 얼굴이다. 그는 정말 인민의 사랑과 존경을 받을 만한 인물이었다. 동상도 그의 생전의 소박한 모습을 가감없이 전달하고 있는 것이다. 나는 뻐스에 오르면서 "이 나라에선 호치민이 제일 부럽다"고 뇌까렸다.

저녁에 내가 초대되어 간 곳은 남 판(Nam Phan)이라는 음식점이었는데, 사이공에서는 최상류의 음식점이라고 했다. 월남의 대재벌인 카이 실크(Khai Silk)라는 회사가 있는데 그 카이 실크에서 운영하는 음식점이라고 했다. 참석자는 우리 부부, 김지영 총영사 부부, 김성권(金成權)·연정구(延廷九) 영사, 그리고 대한항공 이화석 지점장, 모두 7명이었다. 김지영 총영사는 서울대 독문과 출신의 외교관이었는데 매우 차분한 성격의 소유자였다.

"호지명이 정다산 선생의 『목민심서』를 애독했다는 사실을 아십니까?"

"금시초문인데요? 호지명이 어떻게 『목민심서』를 알게 되었을까요?"

"호지명은 물론 월남의 고전적 세대이기 때문에 한학에 능했습니다. 그래서 한적(漢籍)을 쉽게 읽고 또 한시도 쓰곤 했으니까요. 그런데 월맹에서는 유학생을 평양의 김일성대학에 많이 보냈습니다. 평양 유학생 한 명이 다산에 심취했고, 그 『목민심서』를 호지명에게 갖다주었던 것 같습니다. 호지명은 『목민심서』를 머리맡에 두고 때때로 탐독했다고 합니다. 지금도 그의 서재에 『목민심서』가 꽂혀있으니까요."

신빙성이 있는 얘기다. 정약용의 기일에 제사까지 지냈다고 했다. 그리고 호지명이 서거했을 때, 북조선 조문사절단 단장으로 황장엽이 왔었다는 재미있는 얘기도 했다.

"우리 교민은 아직도 1만 2천명이나 됩니다. 뿐만 아니라 엄청난 한국 관광객이 쏟아져 들어오고 있습니다. 작년에 관광객이 7만 8천명이었는데, 올해는 상반기에 이미 이 숫자를 넘어섰습니다. 아마도 대한항공의 테레비 씨에프 덕분일 거예요. 하롱 베이를 배경으로 한 그 씨에프말예요. 신혼여행과 부모님 효도관광의 멧세지가 같이 든 그 씨에프 덕분에 하롱 베이를 찾는 사람이 부쩍 는 것 같아요. 내일부터 무비자협정이 발동됩니다. 이제 무비자로 월남에 올 수 있지요."

음식도 깔끔하고 맛있었다. 우리의 대화는 월남과 한국의 관계에 관한 다양한 측면들을 건드렸다. 2차로 우리는 세도나 타운 클럽(Sedona Town Club)이라는 곳으로 갔다. 한 악사가 바이올린을 켜고 있는 격조 있는 멤버십클럽이었다. 나는 모처럼만에 몇 잔을 들이켰다. 김지영 총영사의 사모님, 김국희(金菊姬) 여사는 연세대 국문과 74학번이라 했는데, 나의 책을 탐독한 분이었다. 이국에서 성의있는 독자를 만난다는 것은 참 즐거운 일이었다. 2차는 김국희 여사의 독무대였다.

"만나뵈면 여쭙고 싶은 것이 너무도 많았어요. 그런데 막상 뵈니깐 그 많은 생각들이 다 도망가버렸군요. 글쎄, 이런 것 여쭈어 봐도 될까요? 노자철학의 핵심이 무엇입니까?"

"노자철학의 핵심을 오늘의 살아있는 우리들 삶의 맥락에서 얘기하자면 종교없는 사회, 그러니까 모든 제도적 폭력이 제거된 사회를 만들자! 이런 정도로 쉽게 요약할 수 있을 것 같네요."
"노자는 모든 종교에 대해서 부정적입니까?"
"노자는 물론 종교라는 말을 쓰지 않았습니다. 그는 도(道)만을 이야기했습니다. 그가 말하는 도는 자연(自然)입니다. 자연이란 스스로 그러한 모든 것입니다. 그러니까 인간의 관념으로 지어낸 것을 가지고 인간을 짓누르지 말자는 것입니다. 노자의 말을 빌리면 하나님이니 자유니 평등이니 사랑이니 하는 모든 것들이 단지 인간이 지어낸 말일 뿐이며 실상이 될 수 없다는 것입니다. 노자의 입장에서 보자면 종교야말로 인간의 언어가 인간을 기만하는 대표적인 사례가 될 것입니다. 그러니까 노자는 종교만을 거부하는 것이 아닙니다. 인간을 억압하는 모든 언어적 폭력, 제도적 폭력, 그러니까 정치적 권력이나 제도까지도 거부하자는 것이죠. 아마도 인류사상사에서 가장 완벽한 아나키즘이 노자사상일 것입니다. 그래서 아마도 독립운동에 헌신한 우리나라의 사상가들, 이회영선생, 신채호선생 이런 분들도 아나키즘에 심취하실 수 있었던 것 같습니다."

"그렇지만 인간 세상은 제도가 없이, 그러니까 시스템이 없이 돌아갈 수는 없는 것 아닙니까?"

"그렇습니다. 그 시스템을 최소화하자는 것이죠. 인간세가 스스로 돌아갈 수 있도록 소규모화시키고, 거대한 조직의 틀 속에 짜맞추지 말자는 것이죠. 하여튼 모든 제도로부터 인간을 해방시킬수록 좋다는 것이 노자의 생각입니다. 그런데 이것은 우리의 사회제도만에 한정되는 것이 아니라 우리의 언어제도에도 적용됩니다. 인간의 언어도 인간을 짓누르는 하나의 제도라는 것입니다. 인간은 궁극적으로 자신의 언어로부터 해방되어야 한다는 것입니다. 중국인은 불교도 이 노자사상의 틀 속에서 받아들였습니다. 중국의 대승불교라는 것은 한마디로 노자불교(Laoistic Buddhism)라고 말해도 과언은 아닐 것입니다."

"노 대통령님과의 인터뷰에서 그분의 정치철학을 '무위'로 표현하신 적이 있는데, 그러한 생각에는 지금도 변함이 없으십니까?"

"변함이 없습니다. 노무현 정권의 기본적 기조에는 과거처럼 민중을 억압해서 이끌고 가는 것보다는 민중이 역사의 진로를 스스로 선택해나가도록 유도하려는 자세가 있는 것은 분명한 것 같습니다. 그러나 국민들은 보다 확실한 방향성을 가지고 자기들을 이끌고 갈 수 있는 지도자를 더 바라는 것이겠죠."

"행정수도이전 문제에 관해서는 어떻게 생각하십니까?"

"많은 국민들이 쓸데없는 걱정을 하는 것 같습니다. 결국 서울이라는 메트로폴리스의 도시경쟁력에 관한 문제가 되겠는데요, 행정수도가 공주-연기지역으로 이전한다 해서 서울사람들이 더 못살게 된다는 보장은 아무 것도 없습니다. 행정수도이전은 우리 민족에게 새 술은 새 푸대에 담는다고 하는 새로운 비젼을 제시할 뿐만 아니라 거시적으로 국가경쟁력을 제고시키는 데 큰 도움을 줄 것입니다. 역사의 대세에 역행하는 사람들은 결국 패망하고 말 것입니다. 행정수도를 어떻게 효율적으로 이상적으로 구상할 것인가 하는 창조적인 대안들로 바빠야 할 이 시점에 찬·반의 원론적인 얘기를 한다는 것은 참으로 안타까운 일입니다."

"방송은 더 안하십니까?"

"저는 유·불·도를 다 강의했고, 또 한국사상사를 강의했습니다. 저는 이 모든 것을 21세기로 접어들면서 체계적인 계획하에서 진행한 것입니다. 저는 우리 국민들 모두에게 매우 본질적인 자부심을 불어넣어 주고 싶었습니다. 우리가 이미 가지고 있는 정신적 자산만으로도 앞으로 우리의 미래를 충분히 건설할 수 있다고 하는 전통에 대한 새로운 비견을 제시하려고 힘썼습니다. 국민들은 제 강의를 통하여 자기 자신의 존재속에 축적되어 있고 또 숨어 있는 많은 긍정적인 측면들을 성실하게 재확인할 수 있었다고 생각합니다. 그래서 공감이 컸던 것이지요. 그것은 우리 조선문명의 문화적 수확이라고 저는 자부합니다. 저의 강의는 대강 마무리된 것 같습니다."

"앞으로는 무얼 할 계획이세요?"

"글쎄, 저는 영상의 세계로 보다 본격적으로 진입할 생각입니다."

"월남에 한번 오셔서 교민들을 위하여 강의를 해주실 수는 없겠습니까?"

"강의를 하러 다닐 생각은 없습니다. 단지 유명가수들과 콘서트를 할 계획을 짜고 있는 중인데, 그런 것이 재미있게 기획이 되면 해외교포사회에도 가수들과 다니면서 의미있는 멧세지를 던질 수는 있을 것 같습니다. 명강의 하나의 이벤트가 가수 콘서트보다 훨씬 더 치밀한 기획과 섬세한 음향시설을 요구한다는 것을 아무도 이해해주질 않아요. 그런 상황에서 달랑 혼자 강의하기는 참 어렵습니다."

"참 그렇겠군요. 도올 선생님께서 락 가수와 함께 사이공에 나타나면 참 대단한 이벤트가 될 텐데요. 교민들에게 그 이상의 격려가 없겠군요."

사이공강 야경

"월남은 앞으로도 또 오고 싶습니다. 웬지 우리와 동질적인 느낌이 강하고 친근하게 느껴집니다. 저는 미국이나 캐나다로 이민을 가느니 월남으로 가라! 이런 말을 해주고 싶군요. 통일된 베트남! 그것은 확실한 미래가 보장된 문명이니까요!"

김국희 여사는 참 명랑한 분이었다. 사이공에서의 하루는 그렇게 저물어갔다.

2004년 7월 1일, 목요일

 우리가 사이공에서 머문 뉴월드호텔(New World Hotel)은 매우 거대한 특급호텔이었다. 클린턴·힐러리부부가 묵은 적이 있는 호텔이라지만, 크메르의 압사라호텔과도 같은 아기자기하고 쾌적한 느낌은 없었다. 이 지구상의 모든 거대 호텔이 실상은 저급한 호텔일 수도 있다. 한국 여행사들이 잡아주는 호텔들은 놀라웁게도 모두 좋은 호텔들이다. 그러나 실속이 별로 없을 때도 있다.

 뉴월드호텔의 아침식사는 별 실속이 없는 음식들이었다. 나는 월남음식이 매우 다양하고 훌륭하다는 인상을 가지고 있었는데, 일반적으로 크메르인들의 음식감각에 비해 그 델리카시가 떨어진다는 느낌을 받았다. 송광사와 해인사의 차이라고나 할까? 시아누크와 호치민의 차이라고나 할까? 해인사의 음식이 조악하기로 유명한 것처럼, 내가 경험한 월남음식은 전반적으로 별다른 매력이 없었다.

이날 우리가 먼저 관람키로 한 것은 통일궁(Reunification Palace)이라는, 베트남 근현대사의 모든 비극을 간직한 역사적 건물이었다. 그러니까 우리나라 일제 총독부-경무대-청와대의 모든 비운의 그림자가 중첩되어 있는 것과도 같은 그러한 건물이었다. 사이공 중심부의 녹지대공원에 널찍하게 자리잡고 있었다. 우리나라는 조선왕조의 부패한 권좌로부터 일제식민지, 이승만독재, 박정희 군사독재를 거쳐 국민으로부터 사과궤짝으로 수천억의 현금을 갈취한 대통령들이 기거하던 곳을 아직도 신성한 국체의 중심부로서 추앙하고 활용하고 있지만, 월남인들은 자랑스럽게도 1975년 4월 30일 이 대통령궁이 함락되던 그날 그 모습대로 이 궁을 보전하여 관광지로서 이 세계의 모든 사람들에게 관람시키고 있는 것이다.

1868년 코친차이나의 불란서총독관저로서 지어진 이 건물은 보수를 거쳐 노로돔궁(Norodom Palace)이 되었고, 불란서인들이 떠나면서 그곳은 고 딘 디엠 대통령의 대통령궁

(Presidential Palace)이 되었다. 고 딘 디엠이라는 인물은 우리나라 이승만 대통령이 지니는 역사적 위상과 거의 비슷한 성격의 인물이라고 생각하면 대강 쉽게 이해가 갈 것이다.

그런데 1962년, 바로 자신이 양성한 국군인 공군 비행기조종사가 고 딘 디엠 대통령을 죽이기 위해 이 궁을 폭격했다. 이를 계기로 고 딘 디엠은 이 궁의 대대적인 보수에 착수하였으나 그는 결국 호화스러운 새 궁전의 위용을 맛보기도 전에 1963년 자신의 군대에 의하여 피살되고 만다. 1966년에 완성된 새 궁전은 독립궁(Independence Palace)으로 불리었다.

1975년 4월 30일 아침 9시 28분, 월맹정규군이 이 궁앞에 도착했다. 그리고 10시 45분, 390호·843호 소련제 탱크 두 대가 궁 정문을 깔아뭉개고 관내로 입성했다.

불과 43시간 전에 이 나라의 대통령이 된 민 장군(General Minh)은 2층의 영빈홀에서 급명된 내각관료들과 함께 정복자들을 기다리고 있었다. 월맹 탱크중대의 윙 중위가

뚜벅뚜벅 들어왔다. 그러자 민 장군은 다음과 같이 말했다.

"오늘 아침 일찍부터 나는 항복하기 위하여 그대를 기다렸노라."

윙 중위는 말했다.

"그대는 항복할 자격이 없다. 그대는 이미 항복할 아무 것도 가지고 있질 않기 때문이다. 없는 것을 건네줄 수는 없다."

다음 우리의 행선지는 구찌(Cu Chi, 古芝)였다. 사이공에서 사이공강을 따라 서북쪽으로 73㎞에 위치하고 있는 이 평화스러운 마을은 그 막강한 미국과의 전쟁을 승리로 이끄는데 결정적인 역할을 한, 인류의 역사에서 유례를 보기 어려운 집요한 간난의 투쟁을 수행한 영웅적 마을(heroic villages)이다. 현재는 20만명이 거주하고 있으나, 월남전 당시에는 8만명 정도의 주민이 살고있던 평화로운 마을이었다. 이 평화는 인간의 전쟁사에서 전례를 찾아보기 어려운, "가장 극심한 폭격과 독가스, 고엽제의 세례"로써 황폐화되었다(『구찌터널』의 저자 맹골드와 페니케이트의 말을 빌리면 다음과 같다: "the most bombed, shelled, gassed, defoliated and generally devastated area in the history of warfare.") 그러나 이렇게 혹독한 폭격과 무차별 살상의 시련 속

250㎞나 뻗쳐있는 구찌 땅굴. 호미와 삼태기, 그리고 인민의 땀으로 판 것이다.

에서도 구찌는 베트콩게릴라전의 본거지로서 1975년 4월 30일 11시 30분 승전의 마지막 순간까지 건재할 수 있었다. 그 건재의 비결은 구찌라는 마을 지하에 건설된 장장 250㎞에 달하는 땅굴세계였다. 이 땅굴세계는 진시황 때부터 중국의 전역사에 걸쳐 두고두고 쌓았다는 "만리장성"의 스케일을 몇천만배 능가하는 위업이었다. 그것은 강압적 노동에 의하여 만들어진 쇼피스가 아니라, 자발적 헌신에 의하여 쌓아올린 인간의 피땀 그 자체였다. 단순한 방벽이 아닌 전략·전승 그 자체였다. 인간이 태어나서 꼭 한번 가봐야 할 곳, 인류의 가장 위대한 문화유산의 하나로서 꼭 한번 체험해봐야 할 명소였다.

구찌터널의 유래는 1940년대 불란서군대와 싸우던 월맹(越盟. Viet Minh: "베트남독립동맹"의 약어)의 독립투사들의 은둔지로서 출발한 것이다. 그런데 1960년대 베트콩의 민족해방전선(National Liberation Front, NLF)투쟁이 활발해지면서 이곳은 그들의 본거지로서 재건되게 되었다. "베트콩"이란 우리나라 박헌영의 남로당과 같이, 남부 베트남에서 활약하는 공산주의자를 일컫는 것이다. 월맹정규군과는 구분되는, 남베트남 민족해방전선의 게릴라들을 멸시하여 부르는 약칭인 것이다. 그들은 "미제국주의의 가면을 쓴 식민정부"를 타도하는 것이 지상목표였다.

 미군은 이곳에 제25사단 본부(the Dong Du Base)를 건립했다. 그러나 바로 그들이 세운 사단본부 밑바닥에 거대한 땅굴의 지하세계가 있다는 것을 꿈에도 몰랐다. 그리고 끊임없이 사단병력이 밤중에 효율적으로 기습되는 그 이유를 알기까지 많은 시간이 걸려야 했다. 그러나 그들은 끝내 이 땅굴의 전모를 파악하지 못했다.

 구찌땅굴은 지상에서는 홀쭉한 한 인간이 가까스로 출입할 수 있는 네모난 입구로 시작된다. 그러나 그 입구는 은폐되면 정글 속의 평범한 풀숲처럼 보여 도무지 알아차릴 수가 없다. 그러나 도처에 나있는 그 입구들로부터 시작되어 연결되는 지하의 세계는 인간의 상상력을 초월하는 거미줄 네트웍이다. 밀림이지만 이 지역의 땅이 우리가 옛
날 소꼽장난에 쓰는 쵸콜렛과도 같은 찐득찐득하고 단단한 찰흙이래서 그냥 파놓기만 해도 무너지지 않는다. 그리 깊지도 않지만 탱크나 폭격에 무사히 견딘다. 그리고 땅굴이라 해도 그것은 인간의 몸통 하나가 간신히 두더지처럼 빠져다닐 수 있는 작은 구경의 홈통이래서 견고한 형태를 유지한다. 그리고 그것은 단층으로만 되어있는 것이 아니라 지하 3층의 중층적인 복합구조로 되어있다. 30m나 내려간다. 나는 그 속에 한번 들어가 보았는데 땀이 비오듯 흐르고 숨이 컥컥 막혔다. 어둠과 진흙벌레들의 공포로 어찌할 줄을 몰랐다. 그것은 인간의 생존조건으로서는 상상키 어려운 세계였지만, 놀라웁게도 그 속에 무기창고, 식수·음식창고, 부엌, 참모회의실, 응급진료

실, 입원실, 노약자들의 생활공간, 반상회공간, 극장…… 그 모든 것이 자리잡고 있었다. 그것은 척추간선(backbone path)을 중심으로 수없이 뻗어나간 거미줄 조직인데 지상으로는 구찌주민들의 민가와 연결되어 있고 출구는 사이공강으로 뚫려 있었다.

미군은 "철의 삼각지대"(Iron Triangle)라 불리우게 된 이곳 구찌지역의 게릴라본부를 습격하기 위하여 1966년 1월부터 1만 2천명의 병력을 동원하여 크림프(CRIMP)라는 엄청난 작전을 감행하였다. 우선 땅굴에 물을 퍼부어 그 네트워크를 수장시키기로 한 것이다. 그러나 그들이 퍼부은 물은 소량에 그칠 수밖에 없었고 배수가 잘 되는 터널은 70m이상 파괴할 수 없었다. 다음 해 1967년 1월에는 "하수구 쥐새끼" 작전이라 하여 3만명의 병력을 동원하여 이 일대를 무차별 폭격하고, 600명의 몸집이 작은 무장 군인들을 터널로 침투시켰다. 그러나 이 무장군인들이 파괴시킨 터널은 극히 미미한 구찌터널의 일부에 지나지 않는다는 것을 그들은 파악하지 못했다. 그 방대한 거미줄 조직의 전모를 그들은 상상할 수도 없었던 것이다.

다음에는 미군은 알사티안(Alsatian)이라는 독일 탐색견 3천 마리를 풀어 사람냄새가 나는 입구를 찾아내게 하였다. 입구를 찾아내는 개를 쏘아 죽여도 그 입구는 드러나기 때문이다. 입구주변에 고춧가루를 뿌려 개들이 캑캑 거리게 만들어도 결국 입구를 찾아내는 단서를 제공할 뿐이었다. 탐색견의 활약은 매우 효율적이었다. 그러나 탐색견은 함정을 알지못해 부비트랩에 빠져죽기 일쑤였고, 결국 베트콩은 개를 무력화시키는 많은 방법을 고안해냈다.

개들에게 친숙한 미군비누, 미군포로들의 체취가 묻은 군복이나 미군음식들을 이용하여 개들의 후각을 혼란시키는 다양한 방법을 개발했다. 결국 알사티안작전도 무효로 돌아갔고, 300마리 이상의 개들이 죽었다. 그리고 터널지역을 불도저로 갈아엎는 작전, 그리고 "아메리칸 그라스"(American grass, 美利堅草)라는 맹렬한 번식능력을 가진 풀을 번식시키고 또 그것이 건기때 지푸라기처럼 마르게 되면 휘발유 불을 질러 그 지역을 황폐하게 노출시키는 방법, 화학약품을 쓰는 방법 등 수없는 작전을 펼쳤지만 구찌의 지하세계는 끝까지 건재했다.

그 가장 위대한 사실은 25년간의 땅굴투쟁의 역사에서 그토록 수많은 게릴라들과 구찌지역의 인민들이 희생되었지만 어느 누구도 땅굴의 전모를 노출시키는 정보를 발설치 않았다는 사실이다. 미군은 무지 속에서 헛된 작전만 되풀이하면서 당했을 뿐이다. 미군이 결국 뚫을 수 없었던 것은 구찌터널 내부가 아니라, 구찌에 사는 모든 인민들의 한마음 된 도덕적 결속력이었던 것이다.

파괴된 미군 탱크

이 기간 동안에 2만명의 미군이 살해되었고, 5천개의 탱크가 파괴되었으며, 256개의 비행기가 추락되었고, 22개의 군함정이 폭파되었다. 그리고 미군기지가 270회 이상 전면 습격·파괴되었다. 그렇지만 터널 속에서 산 1만 6천명의 게릴라 중 오직 6천명만이 살아남았고, 지상의 마을인민들의 무참한 피해는 이루 형언할 수 없는 비극이었다.

구찌터널! 꼭 한번 가보라고 말하고 싶다. 나이 든 한국관광객 중 그곳에서 어쩔 줄을 모르며 눈물을  흘리는 것을 목격할 때가 많다고 한다. 참전용사인 것이다. 보기만 해도 소름이 끼치는 온갖 부비트랩들! 물소똥이 발라진 끔찍한 대꼬챙이 함정! 그 함정에 빠져 온 전신에 독이 퍼져 전사한 전우의 비참한 모습이 떠올랐을까? 전쟁이라는 저주스러운 인간세 소꼽장난의 악령의 환영에 통한의 눈물을 뿌리고 있는 것일까? 나는 그곳에 고귀한 생명을 바쳐야만 했던 미군들, 한국군들, 베트콩, 그리고 월남인민들의 영혼을 위로하며, 월남전의 드라마틱하고도 생생한 장면들을 의식의 저켠으로 다시 넘겨버렸다.

오후 2시였다. 우리는 하이누(Hainu)라는 식당에 도착했다. 구찌지역에 있는 유일한 한국식당이었는데, 매우 널찍한 훌륭한 공간이었다. 그곳 주인은 전주사람인데, 한국에서 살기가 어려워서 92년에 단돈 500불 들고 월남으로 건너와 이곳에 정착했는데, 지금은 수십억대의 재산가가 되었다고 했다. 부인도 호치민대학 일문과출신의 건강한 여인이었다. 아들·딸 쌍둥이를 낳아 잘 키우고 있는데, 이 "하이누"라는 식당이름이 바로 쌍둥이라는 뜻이란다. 나는 백성현·웡티 투 투이 부부에게 내 책을 하나 선사했다. 진취적인 한국인을 격려해주고 싶었던 것이다. 퉁퉁장 된장국이 맛있었다. 조용필 전성기의 노래들이 열심히 흘러나왔다. 그 가사들의 향수를 되씹으며 우리 일행은 이 얘기 저 얘기했다. 역시 조용필의 노래는 우리세대에겐 부담없이 가슴을 파고드는 힘이 있다. 최근 조용필씨가 나 보고 가사를 써주면 새로운 스타일의 노래를 한번 불러보고 싶다고 했다. 그런데 서로 교감될 수 있는 시간이 너무 부족해서 생각만으로 세월은 흘러가버리는 것 같다.

다음의 여정은 하노이였다. 탄 손 나트 공항엔 이화석 지점장이 나와 날 배웅했다. 끝까지 나에게 성의를 다하는 그의 마음씨가 고마웠다. 공항에 설치된 테레비에선 한국 드라마가 방영되고 있었는데, 월남말 더빙이 너무도 코믹했다. 여자 한 사람이 모든 배역의 목소리를 다 내고 있었다. 그러나 매우 박진감 있는 훌륭한 목소리였다. 우리가 탄 비행기는 VN780, 사이공을 6시 10분에 출발하여 하노이에 7시 55분에 도착했다.

 월남은 매우 기다랗게 생긴 나라이다. 남북해안선 길이가 3,260km나 된다. 기차로 사이공에서 하노이까지 가려면 32시간이 걸린다고 했다. 비행기가 있어 참 다행이다. 옆자리에 레 딴 둑(Le Tan Duc)이라는 듬직한 청년이 앉았다. 1964년생이니까 마흔 살, 현재 포드자동차 세일즈 매니저라고 했다. 월남에서는 토요타가 판매실적 1위고, 2위가 대우차, 3위가 포드차라고 했다. 그는 1983년 소련에 유학하여 9년이나 머물렀다 했다. 통일 월남의 국비장학생으로 민스크대학에서 내연소기관으로 박사학위를 취득했다고 했다.

 "저는 귀국해서 꼭 교수를 하고 싶었습니다. 제가 국비로 공부를 한 이유가 후학들에게 학문을 전하기 위한 것이 아닙니까? 저는 교육자로서 사명이 있었습니다. 그런데 대학에 자리가 없었어요. 대학에 자리가 없다는 것은 학생들이 없다는 거예요. 학생들이 빨리빨리 돈 벌 생각만 하지 공부할 생각을 안 해요. 그게 요즘 월남풍조지요."

 "저는 월남의 청년들은 조국의 재건을 위하여 헌신하는 건강한 사람들이라고 생각했는데……"

"어디나 다 마찬가지예요. 요즈음 젊은이들은 가치혼란이 심합니다. 그리고 관료부패도 심해요. 일당이 모든 것을 지배하는 사회, 좀 문제가 있습니다."

민스크대학 박사(Ph.D.)다웁게 그는 자기 사회에 대한 비판적인 언급을 자유롭게 내뱉었다. 그는 소련유학생이면서도 영어를 아주 유창하게 했다.

"오늘날 월남의 정치리더십은 세계경제질서에 편입되는 것을 제1의 목표로 삼고 있기 때문에 어느 정도의 부패를 감내하지 않을 수 없습니다. 혁명주의적 도덕성만으로는 경제를 부흥시키기 어렵기 때문입니다. 따라서 젊은이들의 가치혼란은 도덕적으로 사는 것과 돈버는데 혼신의 정신을 쏟는 것 사이를 방황하기 마련이죠. 그런데 관료사회가 어떤 일관된 도덕성을 견지하지 못하고 있기 때문에 혼란은 가중됩니다."

그는 소련에 유학하고 있던 시절이 그립다고 했다.

"제가 살았던 소련은 너무도 평화로왔지요. 모든 사람들이 욕심없이 그냥 하고싶은 일만 했어요. 돈에 대한 근원적인 인센티브가 없고 교육수준은 높았어요. 사는 게 좀 지루하기는 했지만 저는 공부를 정말 열심히 했어요. 그런데 자동차 세일

즈만 하고 앉아있으니 별 가치가 없는 인생같이 느껴져요."

그는 사이공 토박이라고 했다. 그래서 나는 물었다.
"통일 후 남·북간에 어떤 긴장감 같은 것은 없습니까?"
"물론 있지요. 남쪽 사람들은 북쪽 사람들이 무지막지하고 융통성이 없는 인간이라고 생각하고, 북쪽 사람들은 남쪽 사람들을 까바라지고 타락한 놈들이라고 깔봐요. 남·북이 대립할 때는 지금도 북이 항상 도덕적 권위를 갖습니다. 북쪽 사람이 까불지마 그러면 남쪽 사람들은 끽소리 못합니다. 그러나 이런 것은 미묘한 감정상의 문제일 뿐, 실제적 생활에 불편을 주는 정도로 심각한 것은 아무 것도 없습니다. 통일조국이 자랑스러울 뿐이죠."
"그래도 월남은 희망이 있는 나라입니다. 부럽습니다. 관료들의 부패도 중국사회 관료들의 부패에 비하면 미미한 것 아닙니까?"
그러자 그는 빙그레 웃으면서 중국말로 다음과 같이 말했다.
"차뿌뚜어(差不多)!"

별다를 게 없다는 얘기다.

노이 바이 공항(Noi Bai Airport)은 하노이 북방 35㎞에 있다. 하노이는 중국말로 하내(河內)라는 뜻이다. 이때 하(河)라는 것은 이 지역을 흘러내리는 홍강(紅江, Song Hong, Red River)을 가리키는 것이다. 그러니까 홍강이 굽이치는 그 안쪽에 자리잡은 도시라는 뜻이다. 레 왕조(Later Le Dynasty)의 수도로서 유구한 전통을 지닌 하노이는 1945년 8월혁명 때 월남의 공식수도로서 선포되었다. 그리고 월남전 때 미국의 북폭으로 크게 파손되었고 엄청난 민간인이 살상되었지만 지금은 모두 복구되었다.

노이 바이 공항에는 하노이 담당 가이드, 한현수(韓現洙) 부장이 에어콘이 시원하게 들어오는 좌석뻐스를 대기시켜놓고 있었다.
"여러분이 찾아주셔서 잘먹고 잘살고 있습니다."
그의 첫 일성은 매우 인상적이었다. 그의 정직하고 적극적인 성품을 잘 나타내주는 말이었다.

그는 청계천4가에서 레이스장사로 재미를 톡톡히 봤다고 했다. 보통 옷도 레이스만 붙이면 화려하게 보이기 때문에 동유

럽과 남미로 잘 팔려나갔다고 했다. 폴란드에서도 살았고, 남미 아르헨티나에서도 4년이나 살았는데, IMF로 서리맞고 어떻게 하다가 월남까지 오게되었다는 것이다. 그는 월남을 지상의 천국과도 같은 곳이라고 극찬했다. 마음 편하기가 그지없다는 것이다. 그는 여기저기 여자친구가 많았다. 월남여자들과 자유롭게 사귄다고 했다. 자기는 키도 큰데다가 얼굴도 잘 받쳐주어 인기가 있다고 했다. 물론 그는 총각이었다.

사는 모습은 누추하지만, 자유롭고 너그럽고 질서감각이 있으며, 돈벌기 쉬운데 물가는 싸다고 했다. 그리고 무엇보다도 인간들과 신뢰를 구축하기가 쉽다고 했다. 자기는 월남에 정착해서 이곳에 뼈를 묻을 생각이라고 했다. 지구상에서 더 이상 자기적성에 맞는 곳은 찾기 어려울 것 같다고 확담했다. 나는 미래의 통일한국이 이러한 정도로, 평범한 소시민적 아웃사이더에게 만족감을 주는 사회의 모습만 지녀도 좋겠다고 생각했다. 사실 지금 우리의 하노이 방문은 통일한국의 평양을 방문하는 것과도 비슷한 맥락에서 이해되어야 할 것 같다.

나는 "하노이"하면, 닉슨의 북폭에 항거하여 하노이를 방문하여 라디오 하노이(Radio hanoi)를 통하여 유명한 반전연설을 했던 영화배우 제인 폰다(Jane Fonda)가 생각이 난다. 내가 고려대학교 철학과를 졸업했던 그 해였는데, 나는 미 평화봉사단 친구를 통해 그 전문을 구해 읽고 감격의 눈물을 흘렸다. 60년대 대학시절을 보낸 의식있는 사람들에겐 미국 젊은이들의 반전운동은 세계사를 새롭게 바라보게 만드는 전환의 틀이었다. 라디오 하노이 전파를 타고 흘러나온 제인 폰다의 명연설 전문은 다음과 같다. 오늘날 우리사회에도 이러한 역사적 사명을 달성할 수 있는 한 여배우가 있을 수 있는지 한번 반성해봐야 할 것이다.

하노이

"제인 폰다입니다. 저는 지난 두 주 동안 베트남 인민공화국을 방문하였습니다. 많은 곳을 보았고, 많은 계층의 다양한 사람들과 대화를 나누었습니다. 노동자, 농민, 학생, 예술가, 무용가, 역사가, 저널리스트, 영화배우, 군인, 의용소녀, 여성조합의 멤버, 그리고 작가들을 만났습니다. 나는 누에고치가 길러지고 비단이 짜지는 협동농장, 그리고 하노이의 방직공장과 유치원을 방문하였습니다. 그리고 아름다운 문예궁전(Temple of Literature)에서 베트남전통무를 보았고, 저항의 노래를 들었습니다. 나는 거기서 남쪽 밀림의 게릴라들이 적군을 공격하기 위하여 벌을 훈련시키는 것을 극화한, 잊을 수 없는 발레를 보았습니다. 벌들은 여자무희들이 춤추었는데 매우 아름답게 표현되었습니다.

나는 문예궁전에서 베트남배우들이 아써 밀러의 『나의 아들』(*All My Sons*) 제2막을 연기하고 있는 것을 보았습니다. 미제국주의자들이 그들의 나라를 폭격하고 있는 와중에도 그들은 적국인 미국의 희곡을 번역하여 연출하고 있었다는 이 사실! 그것은 너무도 감동적이었습니다.

나는 공장의 지붕 꼭대기에서 수줍음을 타고 얼굴을 붉히는 의용소녀 하나가 베트남의 푸른 하늘을 찬양하는 힘찬 노래를 부르고 있었던 인상적 모습을 기억합니다. 이들은 부드럽고 시적이며 목소리도 꾀꼬리 같습니다. 그런데 미국의 폭격기가 그들의 도시를 쑥밭으로 만들어버릴 때는 그들은 씩씩한 전사로 변모합니다.

나는 미국의 폭탄이 떨어질 때 적국의 여자인 나를 감싸안고 방공호로 뛰어들어갔던 한 농부의 따스한 손길을 소중하게 기억합니다. 우리들은 팔과 팔, 뺨과 뺨을 부비고 있었습니다. 나는 남 딘(Nam Dihn)의 길목에서, 학교, 병원, 탑, 공장, 집, 관개제방 등 모든 민간시설이 모두 무참히 파괴되는 현장을 목격했습니다.

내가 두 주 전에 미국을 떠날 때, 닉슨은 미국인들에게 월남전을 종료시키고 있다고 말했습니다. 그러나 남 딘의 어지러운 폐허에서 나는 그의 말은 살인자의 음험한 감언에 불과하다는 것을 깨달았습니다. 나의 팔을 꼭 붙잡고 매달리는 어린 한 베트남 소녀의 뺨에 나의 뺨을 부비면서 나는 생각했습니다. 이것은 베트남과의 전쟁일지는 모르지만, 이 모든 비극은 결국 미국의 것일 뿐이다 라고 나는 생각했습니다.

내가 의심할 수 없는 자명한 진리로서 이 나라에서 깨닫게 된 하나의 사실은 닉슨은 결코 이 땅의 사람들의 정신을 파괴할 수는 없다는 것입니다. 닉슨은 북베트남이든, 남베트남이든, 폭격과 침략, 어떠한 방식의 공략으로도 이 땅을 미국의 식민지로 만들 수 없다는 것입니다.

이 땅에 떨어진 폭탄 하나는 결국 이 땅의 사람들의 저항의 의지만을 단호하게 만들 뿐입니다. 나는 논둑의 농부들로부터 그런 의지를 확인했습니다.

내가 만난 농부들은 과거 그들의 삶은 지주에 소속된 노예일 뿐이었으며, 교육과 의료의 혜택이 전혀 없었고, 그들 자신의 삶의 주인이 될 수 없었다고 했습니다. 그런데 지금은 닉슨에 의하여 자행되고 있는 폭탄의 범죄에도 불구하고, 자신의 땅을 소유하고 있고, 자신들의 자녀를 교육시킬 수 있는 학교를 세우고 있으며, 문맹이 퇴치되고 있다고 했습니다. 프랑스 식민지시절에 창녀노릇을 했던 여성들이 건강한 전사로 변했습니다. 민중은 그들 손에 스스로 권력을 쥐고 있으며, 그들의 삶의 진정한 주인이 되어가고 있는 것입니다.

이들은 4천년 동안이나 자연과 외국인침략자들과 줄기차게 싸워왔습니다. 불란서와 식민투쟁에서도 이겼습니다. 베트남의 사람들은 타협하지 않습니다. 그들은 그들의 독립과 자유를 스스로 쟁취해나갈 것입니다. 나는 리차드 닉슨이 베트남의 역사와 그리고 베트남의 시를 배워야 할 것이라고 생각합니다. 특별히 호치민이 쓴 시를 읽어야겠지요."

미국 의회는 제인 폰다를 처벌하기 위하여 미국의 시민은 누구도 적성국가에 발을 들여놓을 수 없다는 "제인 폰다 법안"(Jane Fonda Amendament)을 통과시키려고 애썼다. 그러나 그것은 통과되지 않았다. 미국은 이렇게 국민의 자유를 지켰다. 그런데 그러한 미국이 지금 이 순간 또 다시 이라크를 침공하고, 북한을 악의 축으로 규정하고 있다. 비극이 아닐 수 없다!

우리가 탄 뻐스는 용이 승천한 다리라는 뜻의 4.2㎞의 긴 탕룽다리(Thang Lung Bridge, 昇龍橋)를 지나 하노이 시가로 진입하였다. 하노이는 호반의 도시(City of Lakes)다. 수없이 많은 호수들이 있다. 하노이 최번화가는 호안 키엠 호수(Hoan Kiem Lake) 주변으로 몰려있다. 우리의 숙소는 트라크 바크 호수(Trac Bach Lake) 북단에 있는 소피텔 플라자호텔이었다. 숙소로 가기 전에, 쌀국수 집에 들렀는데, 별로 맛이 없었다. 하노이는 확실히 사이공보다도 소비문화가 발달되어 있질 않았다. 호텔로 가는 호반의 길 탄 니엔(Thanh Nien)거리 옆에는 1m 간격으로 오토바이를 세워놓고 열심히 키스하고 있는 청춘남녀들로 꽉 차있었다.

진수와 유수가

깊고 맑거늘

남자와 여자가

많이 모여 꽉 찼도다

여자가 구경가자 하니

남자가 이미 구경하였다 하도다

또 가서 구경하자

유수 밖은

참으로 넓고 또 즐겁다

남자와 여자가

서로 희학을 하며

증표로 작약을 주고 받도다

溱與洧, 瀏其清矣。

士與女, 殷其盈矣。

女曰觀乎, 士曰旣且。

且往觀乎, 洧之外, 洵訏且樂。

維士與女, 伊其將謔, 贈之以勺藥。

『시경』 정풍(鄭風)의 시 한 구절이 생각났다. 소피텔호텔을 들어갔을 때, 어찌 알았는지 연합뉴스 베트남특파원으로 있는 김선한 부장이 날 기다리고 있었다. 나와 인터뷰를 하고 싶다는 것이다. 그는 내가 특별한 목적을 띠고 베트남에 온 것으로 생각한 것 같았다. 나는 이 여행은 순수한 가족여행일 뿐이며, 내가 인터뷰할 내용은 아무 것도 없다고 양해를 구했다. 그는 순순히 나의 말을 듣고 물러났다. 인간적으로 참 미안했다. 며칠 전까지만 해도 나도 그와 같은 기자였다. 기자로서 애써 기다린 사람으로부터 인터뷰를 거절당했을 때의 씁쓸한 느낌을 나는 너무도 절절히 체험한 사람이기 때문이었다. 그러나 난 정말 말할 내용이 없었다. 나중에 알게 된 일이지만, 내가 하노이에 있을 동안, 김우중 회장이 하노이에 있었던 모양이었다. 그는 나와 김우중 회장 사이에 어떤 비밀회동이 있었다고 생각했을지도 모른다. 그러나 당시 우리 둘 사이에는 어떠한 연락도 없었다. 호수가 한눈에 내려다보이는 11층의 아름다운 방이었다. 나는 여름밤의 열기를 느끼며 늘어지게 꿈의 세계로 빠져들었다.

앙코르 와트・월남 가다(下)

2004년 7월 2일, 금요일

　소피텔호텔의 아침식사는 그런대로 괜찮았다. 아내는 간밤에 잠을 잘 자지못했다 했다. 그리고 밥을 먹는둥 마는둥 곧 방으로 올라가 버렸다. 그런데 나는 잠을 잘 잔 덕분인지 아침을 느긋하게 많이 먹었다. 그런데 내 테이블을 써브해주는 월남색시가 너무도 통통하고 순결하게 생겼다. 그래서 말을 걸어보았다.

"한국남자를 좋아합니까?"

"좋아하지요. 한국청년들은 얼굴이 하얗고 키가 크고 잘 생겼습니다."

　아마도 연속극에서 받은 인상 때문일 것이다. 그래서 나는 짓궂게 물었다.

"내가 중매를 서면, 한국남자와 결혼하시겠습니까?"

　그랬더니 그 색시는 얼굴을 붉히면서 대답을 하지 못했다.

내가 정색을 하고 다시 물으니까 모기만한 소리로 "네" 했다. 그래서 내가 그 색시에게 이름과 주소를 적어줄 수 있냐고 물었다. 그러니까 그 색시는 너무도 아름다운 알파벳으로 유려하게 이름과 주소와 전화번호를 써 주었다. 참 품격있고 교양 있는 색시였다. 그런데 그만 나는 그 쪽지를 잃어버리고 말았다. 안타까운 일이다.

9시 25분, 우리는 뻐스에 올라탔다. 하노이의 기후는 위도상으로 캄보디아보다도 훨씬 더 북쪽이었지만, 우리가 요번 여행에서 경험한 가장 뜨겁고 가장 무더운 날씨였다. 38°와 40°사이를 왔다갔다 했다. 구소련이 무너지면서 레닌동상은 다 쓰러졌다. 그러나 하노이의 레닌공원에는 아직도 너무도 멋들어진 레닌동상이 우뚝 그 자리를 지키고 있다. 신사복 정장 윗도리를 제끼고 조끼입은 가슴을 확 드리내밀며 활기차게 걷는 레닌의 얼굴은 윤곽이 너무도 선명하다. 분명 레닌도 세계사적 인물인데, 그의 동상을 지켜주는 베트남사람들의 의리 또한 가상하다 해야 할 것이다.

호치민의 영묘가 있는 드넓은 바딘광장, 건너편의 국회의사당, 프랑스 총독부 건물이었던(1906년 건축) 대통령궁

바딘광장

(Presidential Palace), 그리고 호치민의 집무실과 주거, 호치민이 먹였다는 잉어들이 아직도 유유히 헤엄치고 다니는 호수, 그리고 그 주변에 있는 일주(一柱) 연화대(蓮花臺, One Pillar Pagoda) 등을 둘러보았다. 가장 인상적인 것은 호치민이 산 소박한 모습이었다. 과연 그 무서운 전쟁을 치룬 대 전략가의 주거가 이토록 허술했는가? 의심도 가지만, 그가 진정 이곳에서 세계를 지휘했다면 그를 막아준 것은 인민의 사랑과

호치민의 주거와 호수

보호였을 것이다. 월남의 전통적 민가양식의 그의 소박한 집(Stilt House) 옆에는 지하벙커가 있는데, 앞서 내가 언급했듯이, 그것은 북한의 기술자들이 와서 만든 것이라고 했다.

일주 연화대. 1049년 건조.

호안 키엠 호수 근처의 옛시장을 인력거를 타고 돌아보았다. 인력거를 끄는 사람들은 모두 전쟁영웅들이라 했다. 돈 잘버는 이 직업을 그들이 독점하고 있는 것이다. 그래서 그런지 프라이드가 강했고 손님말을 잘 듣지 않았다. 빨리 한바퀴 돌려고만 했다. 그런 것은 관광상품에 안 넣었어야 했다. 그냥 맨발로 걸어다녀 보는 것이 훨씬 더 유익할 것 같다.

점심은 귀빈한국식당(V.I.P. Korean Restaurant)이라는 곳에서 먹었는데 음식맛은 괜찮았다. 하노이의 베버리힐즈라고 불리우는 고급주택지역에 자리잡고 있는 식당이었다. 가격도 만만치 않을 것이다. 그런데 돈을 많이 벌어 참 배가 부른 모양이다. "예약 안 받으려다가 김용옥씨가 온다고 해서 받았다"고 했다. 좀 무식한 표현이다. 그러면서 여주인이 나보고 식당에 걸어놓겠으니 사진 좀 같이 찍자고 했다. 그것이 얼마나 나에게 모독적으로 들리는지 그녀는 알 배가 아니다. 나에게 자기 식당에 이름이 걸리는 영광스러운 기회를 주겠다는 것이다.

다음의 여정은 하롱 베이(Halong Bay)! 하노이에서 3시간 걸리는 긴 뻐스여행이었다. 베트남의 농촌광경을 카메라에 담

을 수 있었다. 내가 목격한 베트남농촌은 풍족한 3모작의 풍요로운 광경이었다.

"하롱"이란 하롱(下龍), 즉 용이 내려왔다는 뜻이다. 아마도 용이 내려와서 꿈틀거리고 있는 그 비늘 모습이 바다에 솟아있는 3천여개의 섬을 이루고 있는지도 모르겠다. 1,500㎢의 면적에 펼쳐진 이 하롱 베이는 통킹만(Gulf of Tonkin)의 에메랄드빛 해면 위에 아롱거리고 있다.

논 사이에 조상의 무덤이 있다.

보이기 시작하는 하롱 베이

강인한 베트남 농촌여인. 햇빛에 그을리는 것이 싫어 무더운 날씨에도 긴팔에 복면을 하고 있다.

유네스코 월드 헤리티지 사이트로 지정된 이 곳은 분명 베트남 자연의 경이다. 우리의 뻐스가 하롱시로 진입하면서 바다에 떠 있는 섬들의 장관을 보면서 바다 위에 펼쳐진 계림(桂林) 같다는 생각을 했다. 아마도 지질학적으로 광서성의 계림으로부터 이곳까지 동일한 벨트에 속해 있을 것이다. 그러나 생각만큼 그토록 나의 시선을 자극시키지는 못했다.

우리는 바이 짜이(Bai Chay)에 있는 사이공 하롱호텔(Saigon Halong Hotel)에 머물렀다. 저녁 후 2층 바에 16명 전원이 모여 우리여행을 회고하고 총평하는 시간을 가졌다. 별고없이 무사히 마칠 수 있었던 것을 자축했다. 맥주를 마시고 있는데 나이가 지긋한 진주사람 한 분이 와서 인사를 한다.

"선생님 엠비씨 마지막 강의 듣고 다음날 떠났습니다."

나는 마지막 강의를 편집만 해놓고 떠났기 때문에, 실제로 방영된 것은 보지 못했다.

"선생님 마지막 강의 듣고 미국사람들을 우리가 줏대있게 행동해서 오히려 교육시켜야겠다는 생각이 들었습니다. 그리고 북한사람들도 적대시만 하지말고 가슴에 품어야겠다는 생각을 했습니다. 사물을 크게 볼 줄 아는 마음을 가져야겠다고 생각했습니다. 선생님 강의는 정말 배울 것이 많습니다. 항상 바르게 생각하는 기준이 됩니다. 우리 같은 서민들은 항상 속고 사는 느낌이거든요."

내 마지막 강의에 대한 그의 평은 매우 적확한 것이다. 내 강의를 듣고 그와 같은 생각을 해주었다면, 강의자로서는 참으로 보람있는 일이다. 나는 그에게 진심으로 감사를 표했다.

내가 잔 방은 앞바다가 훤하게 내다보이는 전망이 좋은 방이었다. 달무리가 어슴프레 끝없이 펼쳐지는 해면위로 깔리는 만월의 야색이 가슴에 스민다. **대상공유유(對牀空悠悠)**, 야우금소슬(夜雨今蕭瑟), 소동파의 시 한구절이 생각난다. 쾌적한 밤이었다.

2004년 7월 3일, 토요일

아침 8시 50분, 우리는 전세를 낸 하롱 드림(Halong Dream)이라는 2층짜리 여객선에 승선하였다. 퍽 견실한 고급배였다. 하롱 베이의  장관에 관해서는 별로 할 말이 없다. 좋은 사진을 많이 찍었는데 사진들이 그 일단을 말해줄 것이다. 여객선들이 다투어 가는 모습이 꼭 한산도 앞바다로 몰려드는 왜군의 배들 같다. 물론 내가 탄 배는 거북선처럼 의젓했다. 기괴한 암석의 다양한 모습의 도서들이 첩첩이 겹치는 사이사이로 어부들이 그물을 던지고 있었다. 하롱 베이의 하루는 쾌적한 배에서 바라보는 섬들의 광경이었다. 그리고 중간에 호치민이 1962년 1월 22일에

하롱의 새벽

앙코르 와트 · 월남 가다(下)

하롱 베이

한산도 앞바다로 몰려드는 왜선처럼

기암 밑에서 고기잡고 있는 어부

소련 우주비행사가 호치민과 함께 다녀간 티톱 섬

끝없이 펼쳐지는 섬들은 하강한 용의 비늘인가

하롱 베이

에메랄드 빛 통킹만 수면 위로 끝없이 중첩되어 펼쳐지는 삼천여개의 섬들은 분명 경이로운 베트남의 자연이다. 우리나라 남해 도서의 아름다움을 확대해 놓은 듯 ...

앙코르 와트·월남 가다(下)

하롱 베이는 1994년 유네스코 세계자연유산으로 지정되었다. 중국의 계림과 태국의 크라비와 더불어 세계인의 사랑을 받고 있다. 많은 예술가들의 영감의 원천이기도...

하롱 베이

소련 우주비행사와 같이 왔다는 티톱 섬(Dao Titop)에 들르는 일정이 포함되어 있다. 그 섬에는 비치가 있고, 꼭대기 정자에 올라가는 가파른 계단길이 있다. 420여개의 계단길! 문자 그대로 억수같이 땀을 흘려야 했다. 그 꼭대기 정자에 올라가면 하롱 베이의 모습이 가깝게 잘 보인다. 배에서 먹는 식사가 의외로 훌륭했다.

배에서 진주목걸이를 팔았는데, 내 눈에는 다듬지않은 투박한 모습이 너무도 아름다웠다. 물론 완벽한 진품이었다. 그래서 나는 그것을 깎고 또 깎았다. 120불 달라는 것을 50불까지 깎았다. 그런데도 나의 아내가 그것을 사지않았다. 나는 그것을 안 산 것을 두고두고 후회하였다. 그런데 내가 사봤자 결국 아내에게 줄 것인데, 아내가 싫어하니 어찌할 도리가 없었다. 분홍빛이 도는 진주였는데 조개에서 꺼낸 그 모습 그대로였다. 그런데 내가 두고두고 후회하니까 아내도 나중에는 후회하게 되었다. 5·6만원에 진품 진주목걸이! 그것은 정말 좋은 딜이었다. 그러나 일체의 보석치장을 거부하는 아내의 성품이야말로 더 귀한 것이라 해야할 것 같다.

내가 만난 가장 아름다운 크메르 여인이었다. 이 여인은 이천사년 여름에 서울에 왔다. 그러나 아무도 주목하지 않았다. 코와 입술의 윤곽은 전형적인 크메르인의 특징을 나타내고 있다. 풍만한 가슴도 진담을 거친 옛 여인의 리얼한 모습이었을 것이다. 리얼리티 감각이, 기하학적 균형에 치우친 희랍조각보다도 탁월하다. 21세기에는 이러한 여인의 의상 또한 현실적인 것으로 되어 갈 것이다.

하롱 베이

오후 2시 10분, 우리는 다시 뻐스에 올라탔다. 그리고 하노이 노이 바이 공항을 향해 떠났다.

중간에 뻐스를 세우고 논두렁의 농부들 사진을 찍느라고 고생을 했다. 그런데 안타깝게도 마음에 드는 사진을 얻질 못했다. 그러는 동안에 나의 어깨는 더욱 피멍이 들었다.

크메르의 사원에서 발견된 4개의 석비 중의 하나. 서울역사박물관에서 전시되었다. 네개의 손이 달린 비슈누가 900개나 조각되어 있는데 만니까는 이 숫자가 왕의 출생연도를 나타낸다고 추정한다. 그러니까 무녕왕릉에서 출토된 지석과도 같은 것으로 보는 것이다. 그러나 이러한 수리적 가설은 별로 의미있는 근거를 제시하지 않는다.

6시경, 호안 키엠 호수 근처의 꼼 비에트(Com Viet)라는 격조 있는 음식점으로 갔다. 내가 월남에서 먹어본 요리로서는 최상의 수준이었던 것 같다. 주인여자가 젊고 아름다웠다. 힐러리 여사와 같이 찍은 사진을 걸어놓았다. 나는 그 여자의 깜찍하게 예쁜 딸과 함께 사진을 찍었다.

8시에 우리는 그 근처에 있는 탕롱수상목우극장(Thang Long Water Puppet Theatre, 昇龍水上木偶戲院)에 가서 월남의 전통 인형극을 관람했다. 다양한 형태의 나무인형들이 물 위에 떠다니면서 이야기를 지어내고 있었는데 베트남의 전통예술로서는 매우 훌륭한 것이다. 물과 친하게 지내야 했던 그들 농경문화의 모든 풍속을 보여주는 다이내믹한 쇼였다.

한국인들의 관념에는 "월남치마"라는 것이 있는데, 실제로 월남에는 그런 치마가 별로 없다. 하여튼 인형극장 옆가게에서 허리를 휙 감아싸는 월남치마를 발견한 것이다. 그런데 가격이 10불이나 했다. 반값 정도로 깎고 깎다가 결국 못깎고 말았다. 결국 9불에 낙착되었다. 우리 일행 거의 모두가 몇 개씩 샀다. 마지막 쇼핑이었다.

하롱 베이

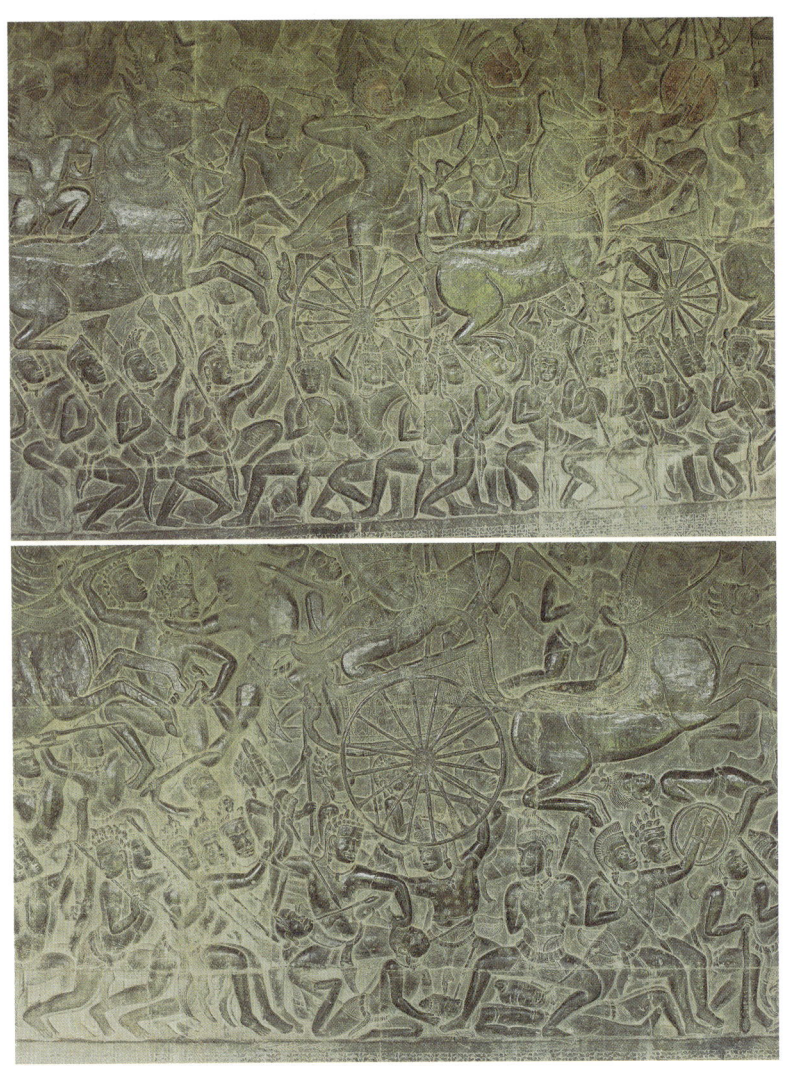

앙코르 와트 서쪽 회랑 부조

우리의 귀국비행기는 VN936. 밤 12시 반 출발예정이었는데 2시간이나 연발했다. 노이 바이 공항에서 여행가이드 한현수 부장과 굿바이를 했다. 정이 흠뻑 들어 헤어지는데 참 섭섭한 느낌이 들었다. 웬지 되돌아가는 그의 모습이 쓸쓸하게 보였다. 그는 어른을 지극히 공경할 줄 아는 전통적인 윤리를 가진 사람이었다. 그리고 학문에 대한 동경이 있었다. 그는 내가 하노이에 있을 동안 나에게 할 수 있는 모든 것을 공경스럽게 다 해주었다. 지성이었다. 나는 그의 전도를 진심으로 축복해주었다. 이국땅에서 진취적으로 즐겁게 살고있는 한국인들에게 우리는 경의를 표해야 한다.

공항에서 출입국 수속을 마쳤는데 연발 때문에 대합실에서 2시간 이상을 기다려야 했다. 그런데 낯익은 얼굴이 다가온다. 도올서원에서 공부한 제자, 김윤군이었다. 서울대학교 서양사학과, 환경대학원을 나오고 시민방송 RTV에서 근무했는데, 그는 대학시절부터 사회운동에 헌신한 인물이었다. 투철한 역사의식을 가지고 노동현장에서 활약했다. 나는 그와의 대화에서 그가 김우중 회장을 만나고 돌아가는 길이라는 것을 알게 되었다. 그는 이 땅의 한 젊은이로서 조국 대한민국의 미래를 걱정하면서 김 회장에게 조언을 구했다고 했다.

"제가 노동현장에서 노동자들의 의식을 일깨우며 투쟁했을 때는, 오늘날의 대기업 노조의 모습을 꿈꾸었던 것은 아니었습니다. 오늘날의 대기업 노동자들은 특권의식에 사로잡혀있으며 도덕적인 면에서 많이 타락해 있습니다. 생산성을 고려하지 않고, 기득권에 집착하며, 무엇보다도 진취적인 모험정신이나 위험을 무릅쓰는 희생정신이 결여되어 있습니다. 지금 우리나라의 젊은이들은 너무 안일합니다. 기업이 그들에게 도덕적인 비전을 던져줄 수 있을만큼 도덕적이질 못했다는 것은 확실하게 지적될 수 있는 사실이지만, 오늘의 노사관계는 공멸의 악순환을 자초하고 있습니다. 이 난관을 타개하는 길은 과거 대우가 세계경영을 외쳤던 그 선구적 노동윤리를 회복해야 합니다. 국내에서만 아웅다웅 정치싸움만 하고있질 말고 끊임없이 세계로 눈을 돌리고 뻗어나가야 합니다. 보다 조직적으로 세계를 경영해야하는 위기의 시대에 우리역사가 직면하고 있는 것입니다. 그런데 아무도 이 위기에 대처할 생각을 하지 않습니다. 안일한 타성 속에서 현상유지의 방법론만을 되풀이하고 있는 것이죠. 폭넓게 세계사적 위치 속에서 한국경제의 미래를 플랜하는 인물이 없다는 것입니다. 그래서 한국경제의 돌파구

앙코르 와트 서쪽 회랑 부조
「마하바라타」의 꾸르끄셰뜨라 전투장면

하롱 베이

가 생겨나질 않는 것입니다. 과거에 운동권에 있을 때는 저도 김우중 회장을 그냥 매판자본의 화신으로만 보았습니다. 그러나 지금 이 절박한 상황에서 생각해보면 김우중 회장의 세계경영전략이야말로 오늘 우리에게 절실하게 필요한 철학이요 비젼입니다. 환차손의 문제를 미리 대처하지 못한 것은 그의 오류이지만, 항상 세계를 거시적으로 바라보고 대비해나가던 그의 비젼은 앞으로도 한국 젊은이들의 꿈이 되어야 한다고 저는 생각합니다. 그래서 제 주변의 몇몇 뜻있는 친구들이 어렵게 김회장님과의 면담을 주선했지요."

"구체적인 어떤 이야기가 있었나?"

"저희들 자신의 문제를 가지고 찾아뵌 것이며, 순수한 그의 고견을 듣고 싶었던 것입니다."

"그 분의 체험과 실력이 지금이라도 우리나라 경제의 활성화를 위하여 도움이 될 수 있는 길이 열리면 좋겠는데……"

"워낙 정치적으로 민감한 사안이래서 어떤 용단이 내려지기에는 너무 복잡한 것 같습니다. 그리고 누구든지 피해갈려고만 하고 있으니까요……"

우리는 더 깊은 대화를 나누지는 못했다. 나는 비행기에 올라타자마자 곯아떨어졌다. 눈을 떴을 때는 7월 4일 일요일 아침 8시 20분! 인천공항에는 부슬부슬 비가 내리고 있었다.

나는 너무도, 너무도 기나긴 여정을 마치고 돌아오면서 조국 대한민국의 성숙한 모습을 재확인했다. 나의 조국은 확실히 선진된 문명이었고 놀라운 질서감각이 있었다. 길거리의 가로수, 가로등 하나하나가 정돈된 느낌을 주었다. 내가 되돌아본 인도차이나의 모습은 나와 무관한 타 문명이라기보다는 곧바로 나의 실존의 기나긴 과거였던 것이다.

무정재 집에 돌아왔는데 전화벨이 울렸다.

"저 중앙대학교 기계공학부 4학년 학생인데요, 선생님, 저,

저, 성적문제로 전화를 드렸습니다."

"성적이라면 이미 다 처리된 것이고 내가 더 할 말이 없을 텐데 뭔 일인가?"

"같이 수강한 같은 과의 제 친구는 96점이 나왔는데, 저도 똑같이 열심히 했는데요, 94점밖에 안나왔거든요. 그래서……"

순간, 나는 분노가 치밀어올라 견딜 수가 없었다. 자기 친구는 96점이 나와 A$^+$가 됐는데 자기는 94점이래서 A가 되었으니, A$^+$로 고쳐달라는 것이다. 그 학생이 나에게 A$^+$를 요청할 수 있는 근거는 전무하다. A$^+$이든 A이든 모두 나에게서 과분한 대접을 받은 결과이기 때문이다. 나의 극심한 분노를 자아내는 사실은, 내가 한 학기 동안 그토록 애정을 쏟으며 거시적인 세계관과 가치관을 가르쳐준 최종적 결실이, 그 학생의 의식세계 속에서는 A와 A$^+$의 차이에 매달려있을 뿐이라는 것이다. 그래서 감히 일요일날 도올선생님께 전화를 올리고 있는 것이다.

나는 순간 프레아 코의 린텔을 조각했던 크메르 예술인들의 신화세계를 생각했다. 그리고 바콩의 사원으로부터, 앙코르 와트, 바이욘의 사원에 이르기까지 그 어마어마한 돌더미에 인생의 모든 시간과 정력을 쏟아야만 했던 크메르 인민들을 생각했다. A⁺와 A의 차이라는 신화에 모든 인생을 걸고 사는 선진 조국 대한민국의 젊은이와 프레아 코 린텔이나 앙코르 톰 남문다리 난간에 구현되어 가는 나가신화에 혼신을 던지고 있는 크메르의 젊은이! 과연 어떠한 신화가 우리에게 더 의미있는 것일까? 그 해답의 기나긴 여정이 인도차이나에서의 나의 방황이었을지도 모른다.

2004년 12월 26일
새벽 2시 13분 탈고

앙코르 와트 · 월남 가다(下)

2005년 2월 2일 초판발행
2007년 4월 9일 1판 3쇄

지은이　도올 김용옥
펴낸이　　남 호 섭
펴낸곳　　통 나 무

서울시 종로구 동숭동 199-27
전화: (02) 744-7992
팩스: (02) 762-8520
출판등록 1989. 11. 3. 제1-970호

ⓒ Kim Young-Oak, 2005　　　　값 9,800원

ISBN 978-89-8264-210-4 (04980)
ISBN 978-89-8264-200-5 (전2권)